Georg Peinemann

Abenteuer Angeln

Georg Peinemann

Abenteuer Angeln

Tiere beobachten, Wandern, Räuchern, Pilzesuchen
und andere Naturfreuden

mit *"Fisch und Fang"-Schule
für Spinnangler*

Mit 45 Zeichnungen im Text
und 33 Abbildungen auf 12 Tafeln, davon 21 farbig

Verlag Paul Parey · Hamburg und Berlin

CIP-Kurztitelaufnahme der Deutschen Bibliothek

Peinemann, Georg:
Abenteuer Angeln: Tiere beobachten, Wandern,
Räuchern, Pilzesuchen u. a. Naturfreuden ; mit
„Fisch und Fang"-Schule für Spinnangler / Georg
Peinemann. – Hamburg ; Berlin : Parey, 1984.
    ISBN 3-490-06013-X

Den ersten Teil des Buches illustrierte Josef Prchal, den Teil „Fisch und Fang"-
Schule für Spinnangler Erwin Staub.

ISBN 3-490-06013-X

Inhalt

Abenteuer
an der Angelschnur

Was ist das wohl für ein Angelbuch, in dem nicht kapitale Fische, ja nicht einmal Technik und Taktik, sondern Naturerlebnisse, allerlei Tiere von der Ente bis zum Fischotter, einsame Fischerhütten, Wanderungen, Geräuchertes und zarte Pilze im Vordergrund der Betrachtungen stehen? Die Angelrute als Kompaßnadel zum Naturerlebnis, mit der Angelschnur eingefangene Abenteuer; Petri Heil, das sind schon recht merkwürdige Fänge und Perspektiven.

Nun steht's also im Raum, das Motto dieses Buches: Angeln ist mehr als Fischefangen. Ein Angelbuch ohne Angelhaken? Nicht ganz, der Haken ist vielleicht nur gut getarnt. Aber irgendwie macht sich der Verfasser eines solchen Buches doch wohl verdächtig, es bleiben Fragen offen. Geht es ihm mit seinen Fischen vielleicht wie dem berühmten Fuchs, dem die Trauben zu hoch hängen?

Um diesen Verdacht zu entkräften, sei dem Verfasser ein einziges Mal eine kurze, aber doch wohl „schwerwiegende" Erfolgsbilanz erlaubt, gekoppelt mit dem Versprechen, nie wieder auf solche entlarvenden Zahlen zurückzukommen, obgleich andere Angelbücher fast ausschließlich von großen Fischen und noch größeren Anglern leben. Wie dem auch sei: Hier, fast entschuldigend, mein gesammeltes Fanggeständnis: Meine Ehefrau, Begleiterin fast aller meiner Angeltouren, bereitete etwa 15 Zentner Fische, vom Aal bis zum Zander, für die Küche zu, lecker und ideenreich, mit schmackhaften Gewürzen – natürlich auch mit Liebe. Und ich habe sie gefangen, diese Fische, nicht mit Netz und doppeltem Fischkastenboden, sondern mit der Angelrute, in fast allen Lebenslagen und zu jeder Jahreszeit.

Aha, ein Massenfänger und Kochtopfangler! Kann man gerechterweise auch nicht gerade sagen. Derselbe Angler hat über 15 000 DM für Fischbesatz aufgebracht, und die Lastwagenladung seiner erbeuteten Fische verteilt sich auf über 30 Angeljahre. Vorher wurde nicht so genau Buch geführt. Das reizt natürlich Statistiker, den Taschenrechner zu zücken, um auf Jahre, Monate und Tage umzurechnen. Fänge – Beute, Besatz – Wiedergutmachung. Aber genau das will ich nicht, sondern lieber zu einer netten Nachbarin abschweifen.

Sie sah mich oft mit meinem Angelgerät losziehen und manchmal auch mit Beute heimkehren. So faßte sie sich eines Tages ein Herz: „Ob Sie mir nicht einmal einen schönen Zander verkaufen könnten?" Konnte ich, warum wohl nicht? Also fing ich einen schönen Zander – was viel schwerer war, als es in solch einem schlichten Satz anklingt –, nahm ihn aus, unterzog nicht nur seinen Mageninhalt einer genauen Untersuchung, sondern rückte dem Armen auch noch mit dem Rotstift zu Leibe. Gut, daß er mausetot war, sonst hätte er wegen dieser unwürdigen Behandlung noch nachträglich seine spitzen Rückenstacheln zum Angriff ausgefahren.

Einen Stundenlohn mochte ich, trotz kaufmännischer Vorbildung, nicht berechnen. Das hätten weder der Fisch noch die Nachbarin verdient. Aber Spritkosten für mein Auto, Mißerfolge bei vorangegangenen Zanderansitzen, mit Vorbehalt auch mein Kaffeeverbrauch und meine Stullen durften ja wohl für die Kalkulation herangezogen werden, ebenso wie der Geräteverschleiß, Erlaubnisscheinkosten, fairerweise nur anteilig, und so weiter. Die Unkostenseite blähte sich wie ein Staatshaushalt auf. Aber versprochen war versprochen – und die Nachbarin wartete.

Ich drtruckste herum: „Ja, 28 Mark kostet der Zander, liebe Frau." Sie hatte mit weniger gerechnet, bewahrte aber Fassung: „Na ja, ist ja auch ein schöner, frischer Zander. Was sagten Sie? Vier Pfund wiegt er?" Jetzt war ich an der Reihe, einen Irrtum aufzuklären: „Oh nein, liebe Nachbarin, nicht der ganze Fisch, sondern ein Pfund Zander kostet 28 Mark. Teuer, nicht wahr? Dabei habe ich nicht einmal meine Arbeitszeit berechnet", fügte ich entschuldigend hinzu, „jeder ehrbare Kaufmann müßte mit einer solchen geschäftsschädigenden Kalkulation in kürzester Frist Konkurs anmelden."

Als das Minenspiel meiner Nachbarin ziemlich eindeutig verriet, daß sie mich eher für einen Finanzhai als für einen Angler hielt, machte ich schnell ein Vermittlungsangebot: „Also, liebe Nachbarin, machen Sie alles mit einem Angler, den Sie mögen, nur knüpfen Sie mit ihm keine Geschäftsbeziehungen an. Sie bringen ihn zwangsläufig in Verlegenheit; einmal, weil er wegen der gestrengen Satzungen überhaupt keinen Fisch verkaufen darf, und zum anderen, weil die ihm aufgezwungene Kalkulation ihm deutlich macht, daß er, kaufmännisch gesehen, ein Trottel und Bankrotteur ist." Und jetzt, in Klammern und mit drei Punkten (...wenn es ihm, ja wenn es ihm nur um das Fischefangen für den Kochtopf ginge).

Ja, so oder so ähnlich verlief die fischereilich/rechtliche Begegnung mit meiner Nachbarin, die übrigens doch ihren Zander bekommen und genossen hat. Oder gibt es etwa auch einen Paragraphen, der das Verschenken eines Fisches mit Vereinsausschluß ahndet?

Also, Angeln ist mehr als Fischefangen. Dieser hehre Satz, der wie Fischschuppen glitzert, verträgt sich doch überhaupt nicht mit den mehr oder weniger lustig/listigen Scherzen und Witzen, die den Angler auf die Schippe nehmen. Wer kennt sie nicht? Angler sitzt in stoischer Ruhe am Wasser, natürlich zerlumpt, und Mutter wartet daheim mit brutzelnder Bratpfanne – plärrendes Kind am Schürzenzipfel. Oder: Sturer Posenkieker am Wasser, Vögelchen hat in seiner Hutmulde ein Nest gebaut. Jungen zwitschern schon. Nein, das wäre noch witzig. Vogel wird gestrichen. Dafür wird dem Angler, natürlich auch zerlumpt, ein Schild umgehängt. „Nein, es beißt nichts!" Selten so jelacht...

Doch was haben verunglückte Anglerwitze und was hat meine Nachbarin, die mich zu einer fast unmoralischen Handlung nötigte, eigentlich mit dem Abenteuer Angeln zu tun? Wir werden sehen.

Die Idee zu diesem Buch entstand ausnahmsweise einmal nicht beim Angeln, sondern vor dem Fernsehschirm. Der Regisseur möge es mir verzeihen. Das war ein Film im dritten Programm über eine Art Überlebenstraining im fernen Kanada. Mehr oder weniger streßgeplagte Bundesbürger hatten eine Reise gebucht, die nach einer eingehenden Vorbereitung sozusagen als Höhepunkt einen viertägigen Marsch durch die Wildnis vorsah, jeder auf sich allein gestellt, die fachkundige Leitung hielt sich etwas abseits.

Die Teilnehmer, die auf diese Weise das große Abenteuer suchten, sollten sich selber Nahrung beschaffen und mit den Tücken der Natur fertigwerden, zum Beispiel durch den Bau einer schlichten Unterkunft für die Nacht, durch Schlingenstellen, Kochen von Wildkräutersuppen und natürlich, wie könnte es in Kanada anders sein, durch das Mitführen einer Angelschnur.

Es gab durchaus Absicherungen, wildniserprobte Begleitung und eiserne Rationen, aber alles in allem war es doch ein aufschlußreicher Versuch, Natur und die ursprüngliche direkte Abhängigkeit von ihr wieder zu begreifen und dieses Wissen oder zumindest eine Ahnung davon als Anregung und Denkanstoß für eine etwas andere Lebensführung mit nach Hause zu nehmen. Fraglos ein hoher Anspruch.

Einmal davon abgesehen, daß ich mich als Angler darüber wunderte, wie wenig die Angelschnur in diesem Abenteuer abspulte, ließen mich die Antworten einiger Teilnehmer aufhorchen, als sie nach den Motiven ihres Tuns gefragt wurden. Ja, man sei (für viel Geld) nach Kanada gekommen, um etwas zu erleben, was einem daheim total verschlossen sei, nämlich das Naturabenteuer. In mir regte sich Widerspruch, zumal ich mir knapp eine Woche zuvor bei Sturm, Blitz und Donnerschlag wieder einmal eine Nacht beim Aalangeln um die Ohren geschlagen hatte. Ich fand diese Nacht recht abenteuerlich, auch wenn sie mir, abgesehen von zwei aufdringlichen Ratten, keine gefährliche Raubtierbegegnung einbrachte.

Abenteuer nur in der Wildnis? Viele Angler wissen es, daß jeder Bach, Fluß oder See, daß die Meeresküsten vor unserer Haustür abenteuerträchtig sind. Haben wir die Fähigkeit verloren, das wahrzunehmen, so liegt das einmal an unserem stark von der Technik bestimmten Lebensrhythmus und zum anderen wohl auch an einer verfälschten Dimension des Begriffs Abenteuer.

Beginnt das Abenteuer tatsächlich erst, wie es uns die Abenteuerfilme glauben machen wollen, beim Kampf Mann gegen Mann, beim Besteigen eines Sechstausenders, bei einer Ozeanüberquerung in einer Nußschale oder bei einer Expedition durch den Urwald, die nur jeder zweite überlebt, dann sind die meisten von uns natürlich vom Abenteuererlebnis ausgeschlossen.

Aber wie ist das mit dem „kleinen" Abenteuer? Sollten wir nicht versuchen, es neu zu entdecken und für unser Leben nutzbar zu machen? Es führen viele Wege nach Rom und ebensoviele zum Naturabenteuer. Jeder mag seinem Wegweiser folgen. Wir orientieren uns an der Angelschnur, nehmen sie behutsam zwischen Daumen und Zeigefinger, folgen ihrem verschlungenen Lauf und lassen uns verführen und überraschen.

Aussteiger auf Zeit

„Nehmen Sie es mir nicht übel, aber ich finde, Angler sind irgendwie Aussteiger. Wenn ich sie so am Wasser sitzen seh', denke ich manchmal, was sind das für merkwürdige Typen." Das sagte mir ein Kollege, der ganz erstaunt war zu hören, daß ich mir überhaupt keine schönere Freizeitbeschäftigung vorstellen könnte. Statt „merkwürdige Typen" hätte er einem anderen Gesprächspartner gegenüber, der mehr auf seiner Wellenlänge läge, auch wohl schon mal „Gammler" gesagt.

Sind Angler Aussteiger? Ich bekenne mich mit Einschränkungen zu dieser Auslegung, weil ich mich manchmal, wenn ich zu einem verlängerten Wochenende ins Grüne und zum Angeln aufbreche, durchaus wie ein glücklicher Aussteiger auf Zeit fühle. Gar nichts will ich dann von Kommunikation, Diskussion und gesellschaftlichen Verpflichtungen wissen. Das entgangene Fernsehprogramm genieße ich draußen live. Ich bin Hauptdarsteller, abenteuerliche Type, Regisseur und Zuschauer, Held und Komiker in einer Person; die „Kulisse" ist hundertprozentig natürlich, hörbar, sichtbar, ich rieche sie und kann sie anfassen, der Regen kommt nicht aus großen Gießkannen, der Wind nicht aus einer Maschine.

Aber da wartet doch eine Gesellschaft, ein Fest mit Prosit und Schnickschnack, Menschen, die einem vielleicht nützlich sein könnten – dem Angler, der „merkwürdigen Type", ist manchmal ein stiller Abend am Wasser lieber, nur dem sanften Zwang unterworfen, sich der Natur anzupassen, sonst aber frei zu sein oder sich frei zu fühlen.

Plötzlich ist mir der Angler dort drüben, der auch aus seiner gewohnten Umgebung ausgebrochen ist, wichtiger und näher als ein bekannter Politiker, über den ich mich in der Tagesschau bestimmt wieder geärgert hätte.

11

Und ist es ein Opfer, auf tiefschürfende Gespräche zu verzichten, die sich im Grunde doch nur um mehr oder weniger kaschierte menschliche Eitelkeiten drehen, wenn ich dafür einen lieben langen Tag das Geschenk bekomme, wieder einmal natürlich zu leben, zu denken und zu handeln?

Das ist wohl, wenn ich es richtig sehe, die Mentalität des klassischen Aussteigers. Nur für die Mehrzahl der Angler ist die Zeitspanne ihres Aussteigs eng begrenzt. Sie werden am Montag wieder in die Pflicht genommen, nachdem sie am Wochenende ihre Chance wahrgenommen haben, aus dem tagtäglichen Trott auszubrechen.

Ist das Angeln und alles, was damit zusammenhängt, also auch eine Art Flucht? Auch das würde ich aus Erfahrung bejahen. Kommt der Ärger einmal ganz knüppeldick zum Arbeitsplatz, dann ist der Gedanke an den geplanten Angelausflug ein tröstender Hoffnungsschimmer. Morgens in aller Frühe geht es los, bevor überhaupt irgend jemand auf die Idee kommt anzurufen, um ach so wichtige Dinge zu besprechen. Weggeblasen sind Resignation oder Zorn. Raus mit dir, alter Junge, kümmere dich um den Hecht, der in den Seerosen haust, schöpf' dein Boot aus und leg' dich kräftig in die Riemen, sorg' für ein paar mittelgroße Aale, damit der Räucherofen wieder einmal Dampf und Hitze bekommt.

Das ist zweifellos eine Art Flucht, ein Rückzug auf Zeit und auf Raten. Und die anderen, die ich weder kritisiere noch beneide, denen gesellschaftliche Verpflichtungen, Karriere, Verabredungen mit Freunden und Widersachern so überaus wichtig sind, daß sie auch ihre freien Stunden der Tretmühle opfern, sind sie nicht ständig auf der Flucht vor sich selber, und haben sie jemals eine Chance, sich zu finden, für eine Weile auszusteigen, und sei es nur, um bei sich selber einzukehren?

Betagte Pfadfinder

Ein milder Sonntag im Februar mit Temperaturen um den Gefrierpunkt. Nach dem Mittagessen kommen Müdigkeit und ein bißchen Langeweile auf. Die Angelpause dauert schon zu lange. Mal wieder richtig in frischer Luft tief durchatmen. Aber Wasser müßte dabeisein!

Gibt es da nicht einen Bach mit Aalquappenbesatz im gar nicht so weit entfernten Landschaftsschutzgebiet? Und liegen im Kühlschrank nicht noch ein paar eingefrorene Fische? Zwei, drei Stückchen von der tiefgefrorenen Leber würden wohl auch nicht an die Substanz gehen. Und das Wichtigste: Aalquappen sollen in den Wintermonaten besonders gut beißen.

Wie fix die eben noch so wintermüden Gedanken arbeiten; in Sekundenschnelle ist ein Angelabenteuer vorgezeichnet. Was meint die Ehefrau? „Sag' mal, was hältst du davon..." Auch die bessere Hälfte hat nicht allzu große Lust zum Mittagsschläfchen, zum Fernsehen auch nicht und zum Abwaschen noch weniger. Schon liegt die Karte auf dem Wohnzimmerteppich. Zwei nicht mehr ganz so taufrische Pfadfinder (zusammen weit über 100 Jahre) suchen auf der Karte 1:75 000 den Weg zum Quappenbach.

„Ja, dort am Rande des Segelflugplatzes müßten wir parken. Du weißt doch, das ist die Stelle, wo wir im Herbst die schönen Maronen gefunden haben. Und dann noch ein Fußweg von 30 Minuten bis zum Bach; eine schöne Wanderung. Da nehmen wir nur den Rucksack und zwei fertig montierte Teleruten. Und dann noch eine Thermosflasche mit heißem Kaffee. Nein, keinen Sonntagskuchen, lieber einen Knust Brot und ein Stückchen von der harten Mettwurst." (Der Angler im Hinterstübchen: Kann man im Notfall auch als Köder nehmen.)

Die Müdigkeit ist verflogen. Abwaschen können die Töchter, aber nur vielleicht. In zehn Minuten verwandeln sich zwei wintermüde Stubenhokker, die eigentlich an einem Sonntag im Februar nichts Besonderes vorhatten, in zwei Waldläufer mit Schwung und Ziel.

Nach einigen kleinen Umwegen ist der ausgefahrene Heideweg am Rande des Flugplatzes erreicht. Heckklappe auf, warm angezogen, Rucksack und Rutenfutteral geschultert – und ab geht die Post durch das Landschaftsschutzgebiet. Es gibt nur ein Ziel, den Quappenbach. Stimmt die Richtung? Es müßte jetzt allmählich bergab gehen.

Was ist das für ein schepperndes Geräusch? Aha, da hinten auf dem Querweg ein Radfahrer mit Eimern auf dem Gepäckhalter und an der Lenkstange. Bestimmt ein Quappenangler, der sich hier gut auskennt. Jetzt biegt er links ab. Wir werden hinterherwandern. Irgendwie stimmt das nicht mit der natürlichen Orientierung überein. Aber ein Radfahrer mit zwei Eimern muß ein Angler sein. Was sonst? Und ein Angler, der hier im Winter durch die Gegend fährt, will natürlich zum Quappenbach.

Nach einer Viertelstunde kommt er den Pfadfindern entgegen; ein Jägersmann mit Wildfutter in den Eimern. Er guckt etwas mißtrauisch und ungläubig, aber wie Wilderer sehen die beiden nicht aus. „Zum Quappenbach? Da sind Sie aber ganz schön vom Weg abgekommen. Dort unten liegt er irgendwo!" Also wieder zurück.

Nach einer knappen Stunde sind die beiden endlich am Ziel. Kolumbus' Entdeckerfreude kann nicht viel größer gewesen sein. Mutter ruht sich erst einmal auf dem Baumstumpf aus, während Vater voller Freude den Windungen des Baches folgt, bis er endlich den richtigen Quappengumpen gefunden hat. „Trink du nur deinen Kaffee, ich hab' jetzt keine Zeit. Muß das Gerät erst fertigmachen." Hier Fischfetzen, da Leber an den Haken. Endlich wieder einmal Posen im Wasser – wunderschön.

Nach drei Stunden geht die blasse Wintersonne hinter den Bäumen unter. Zeit für den Heimweg. „Ach so, Kaffee hast du auch noch für mich. Aber ich muß erst die Ruten verstauen. Teufel noch mal, die eine klemmt wieder. Ja, du hast recht, zurück sollten wir uns den Weg abkürzen. Hier, gleich den Trampelpfad entlang, und dann links halten. Ach was, verlaufen... Bist du nun mit einem alten Trapper verheiratet oder nicht? Wenn wir diese Richtung gehen (sichere Handbewegung wie Winnetou), kommen wir genau zu unserem Wagen."

Es ist schummerig. Eulen huschen über die Baumwipfel; Bussarde miauen klagend; ein Sprung Rehe wechselt über den Waldweg. Das Gespräch verstummt. Als die betagten Pfadfinder endlich den Waldrand erreichen, kommt ihnen alles unbekannt vor. War wohl doch nichts mit der

Abkürzung. „Dort irgendwo müßte der Wagen stehen." Die Armbewegung erinnert nicht mehr an Winnetou, sie ist unsicher, suchend, leicht wedelnd. Der Rucksack drückt, der Atem geht schneller.

Als die beiden nach einer langen Wanderung endlich den Wagen sehen, ist das die zweite große Entdeckung des Tages. „So, jetzt laß uns erst einmal die letzte Tasse Kaffee und die Stulle teilen, und dann nichts wie nach Hause in die warme Stube."

Wenn das eine Angelgeschichte sein soll, so bleibt ja wohl noch die Frage nach der Beute offen. Keine Quappe, kein Biß, der Rucksack blieb leer. Nur ein schönes Abenteuer haben die beiden eingefangen.

Fische und Sprüche

„Bei gutem Wetter kann auch meine Großmutter angeln", pflegte mein Angelfreund Walter zu sagen, als er schon längst keine Großmutter mehr hatte. Und heute trifft solch ein Spruch sowieso nicht mehr zu. Es gibt äußerst aktive angelnde Großmütter und Großväter, die manch einem jungen Spund etwas vormachen. Walter wollte mit seinem Spruch ja auch nur den Kollegen eins auswischen, die ihn bei Regen und Wind überreden wollten, doch lieber mit ihnen in der Stammkneipe ein Bierchen zu zischen und einen handfesten Skat zu dreschen.

Doch Walter wußte schon, daß Angeln bei schlechtem Wetter nicht nur eine Herausforderung bedeutet, sondern unter bestimmten Umständen auch gute Fangchancen bringt. „Sonnenfischerei macht nicht nur den Angler schlapp und träge, und bei trübem Wetter zwitschern die Fische." Was immer er mit zwitschern meinte, es ist mehr als ein Körnchen Wahrheit an seinen eigenwilligen Spruchweisheiten.

„Wenn die Wasseroberfläche sich kräuselt wie Anitas Dauerwellen, nur nicht so blond, dann sind die Hechte scharf auf den Blinker." Und die Unruhe eines stürmischen Herbsttages „überträgt sich magnetisch auf jeden Aalschwanz und bringt ihn in Bewegung". Zwar verstand ich nicht, was Sturm und Wellenschlag mit Magnetismus zu tun haben, aber Walter, der geborene Schlechtwetterangler, mußte es ja wissen, und er konnte es, wie er sagte, auch wissenschaftlich begründen.

„Wir sind nämlich alle von magnetischen und kosmischen Strahlen umzingelt. Unter einer Hochspannungsleitung kannst du als Angler sitzen, bis du schwarz wirst. Die Fische spüren das Kribbeln bis in die Flossenspit-

Wer kann höher? Springende Fische, oben Hecht, darunter Forellen.
Fotos: J. Olsson

Unterwasserbilder vom
urigen Waller (rechts)
und von neugierigen
Döbeln.
Fotos: H. J. Gruhl

zen." Auch er spüre diese Spannung, so versicherte er ernsthaft, „wie die Vorstufe zum elektrischen Stuhl".

Aber zurück zum schlechten Wetter. Daß Walters Sturm- und Regenfanatismus auch Grenzen hatte, erlebten wir eines Tages am Bongsieler Kanal in Nordfriesland. Trotz Sturmflutwarnung hatten wir uns eines Abends bei üblem Schimmelreiter-Wetter ein kleines Zweimannzelt als Regenschutz aufgebaut. Von Schutz konnte jedoch bei dem Sauwetter nicht die Rede sein. Wir waren schon nach 300 Metern Fußweg vom Auto bis zur Angelstelle, wo wir auch das Zelt aufbauten, naß wie die Badeschwämme.

Flüssigkeit hatten wir wahrlich genug, aber Walter wollte mehr. In der Ferne schimmerte ein heimeliges und verlockendes Licht; rechteckig, lang und schmal, die Lichtreklame eines Kruges (Gasthaus) hinterm Binnendeich.

Walter fühlte sich von diesem Licht magisch, vielleicht auch magnetisch angezogen. Bier holen, natürlich nur, um die Pause bis zur großen Beißzeit anständig zu überbrücken.

Der Sturm heulte; der Kanal schlug Wellen, viel höher als Anitas Dauerwellen. Nach zwei Stunden kam Walter zurück und mit einem Lied auf den Lippen: „Auf einem Seemannsgrab, da blühen keine Rosen..."

„Ich dachte schon, du hast dir im Krug ein Zimmer gemietet." „Ach was", sagte Walter, „aber hast du schon einmal mit vier Deicharbeitern, die seit zwei Tagen und Nächten auf eine Sturmflut warten, Teepunsch getrunken?" „Nein, aber drei dicke Aale habe ich inzwischen gefangen!"

Jetzt lief Walter zu ganz großer Form auf. „Tauwurm oder Köderfisch?" „Tauwurm!" „Dann los, volles Rohr!" Die Sintflut brach über uns herein. Die Zeltplanen hatten sich aus ihrer Verankerung gelöst und flatterten wie Segel im Sturm. Die Rutenhalter mußten wir alle zehn Minuten versetzen, so schnell stieg das Wasser. Doch der Sturm kam schräg von achtern. Die Köder flogen bis zum anderen Ufer. Bißkontrolle nur nach Gefühl und Wellenschlag. Aber die Aale spielten mit. Nach vier Stunden, Walters Mütze war davongesegelt – vom Winde verweht, zählten wir zusammen 12 dicke Breitkopfaale. Dann schleppten wir alles unter Fluchen, Lachen und Singen zum Wagen, eine gleichermaßen komische wie gespenstische Szene in dieser Sturmnacht an der Küste.

Als wir triefend vor Nässe, umgeben von klitschnassen Klamotten, im Wagen saßen, war auch mein Freund Walter ziemlich sprachlos; kein Spruch, keine hundertjährige Anglerweisheit. Auf meine provozierende Frage, ob wir nicht doch noch bis zur nächsten Beißzeit gegen Morgen warten sollten, um das zweite Dutzend Aale vollzumachen, kam nur noch ein müdes, vorwurfsvolles „Muß das sein?"

17

Uhrzeiger –
Bißanzeiger

Eigentlich sind Uhrzeiger und Bißanzeiger nur schwer unter einen Angler-hut zu bringen. Der Uhrzeiger bestimmt unseren Alltag oft genug mit Terminen, Verabredungen und Pflichten; der Bißanzeiger an unserer Angel gehorcht anderen Gesetzen, er bewegt sich nicht automatisch und unerbitt-lich. Hüpft er aus seiner Ruhestellung, so signalisiert er ein neues Aben-teuer mit der Angelrute.

Kaum jemand kann es sich erlauben, zeitlos zu angeln. Die wenigen, denen es vergönnt ist, sind schon auf dem Vorhof zum Paradies. Aber auch bei einem Normalangler sollte die Uhr nicht den Ton angeben, sondern, schön weich verpackt, zu einem Ruhedasein ganz unten in der Angeltasche verbannt sein, gerade eben noch geduldet zum Vergleich der großen und kleinen Beißzeiten. Sonst sollten wohl besser, wenn noch nicht durch Vernachlässigung verlorengegangen, eine innere Uhr, auch Instinkt genannt, sowie Sonne, Mond und Sterne, Wind und Regen unser Tun und Lassen draußen am Fischwasser bestimmen.

Ich angelte, heute mehr ein Einzelgänger, viele Jahre mit einem guten Freund zusammen. Wir lagen, bis auf eine große Ausnahme, ungefähr auf derselben Wellenlänge. Er zählte damals zu den ganz verrückten Fischern, die sich am Wasser so voll und ganz auf den Fisch konzentrieren, daß man glaubt, ihnen müßten eines Tages Schuppen und Flossen wachsen. Vor Tau und Tag aufstehen oder gleich nach der anstrengenden Spätschicht ohne Schlaf zum Angeln aufbrechen – überhaupt kein Problem. Doch gegen Mittag wurde Dieter nervös, und Schlag 12 packte er in aller Eile sein Gerät ein. „Du, wir müssen los, ich muß Punkt eins zu Hause sein!"

18

Plötzlich beherrschte ihn der Uhrzeiger wieder. Ob gerade vielversprechende Bisse einsetzten oder die Sonne sich endlich durchgerungen hatte, uns den Pelz zu wärmen – das Mittagessen durfte auf keinen Fall verpaßt werden.

Fuhren wir am frühen Nachmittag, so war Schlag sieben Feierabend. Nichts konnte meinen Freund halten; weder die Vorfreude auf einen stillen Abend am Fischwasser noch die zu erwartende Zanderbeißzeit. Halb acht war Abendbrot – danach Fernsehzeit. Daran zerbrach schließlich, in gutem Einvernehmen, eine Anglerfreundschaft.

Abendzeit und anbrechende Nacht sind am Wasser besonders stimmungsvoll und abenteuerträchtig. Wer sich noch nie eine halbe Nacht (oder auch eine ganze) am Wasser um die Ohren geschlagen hat, der verzichtet auf Erlebnisse, Erfahrungen und Abenteuer von großer Eindringlichkeit – und außerdem, ganz sachlich bemerkt, auch auf eine ausgezeichnete Beißzeit. Ich lache nicht mehr über die Anglergeschichten, die so enden: Mit der untergehenden Sonne tauchte auch meine Pose unter . . .

31 meiner insgesamt 36 kapitalen Meerforellen blinkerte ich in der kurzen, schönen Zeit zwischen Sonnenuntergang und anbrechender Dunkelheit. Wäre das Angeln eine rationelle, kalkulierbare Tätigkeit, hätte es eigentlich nur dieser knappen Zeitspanne der Uhlenflucht bedurft, um die Chancen auf große Meerforellen optimal zu nutzen.

Doch diese Betrachtungsweise käme ja einem Diktat des Sonnenuhrzeigers gleich. „Vertane Stunden" außerhalb der Fangzeit? Wer das so sieht, sollte die Angelrute in die Ecke stellen. Wir fischten den ganzen lieben Tag mit und ohne Erfolg auf Hecht, Barsch, Bachforelle und Aland in der Vorfreude auf den Höhepunkt, auf die knappe Stunde zwischen Tag und Nacht. Weil danach erst der Aal „richtig lief", hängten wir meist noch ein paar ruhige Ansitzstunden auf ihn an.

Ob das nicht gruselig und gefährlich sei, fragte mich einmal eine Anwohnerin oben am Hang des Treenetals, die mich während eines Gewitters buchstäblich im Blitzlicht unten am Fluß beobachtet hatte. Ein nächtlicher Aufenthalt am Wasser ist bestimmt ungefährlicher als der Gang durch eine schlecht beleuchtete Großstadtstraße.

Und gruselig? Alle Geräusche sind intensiver, viele Tiere verlieren ihre Scheu. Verhält er sich still, nagen Bisam und Wasserratte unmittelbar zu Füßen des Anglers. Aber er hört auch den Ruf der Eule, das Lied der Nachtigall oder des Sprossers. Der Mensch ist plötzlich wieder auf seine Sinne angewiesen. Er ist ganz Ohr, riecht und wittert, fühlt und tastet, lauscht in die Dunkelheit und versucht, die Geräusche zu deuten.

Ich hörte nachts einmal ein unheimliches Stöhnen, Husten und Röcheln am Wasser. Auf meine Taschenlampe greife ich nur im Notfall zurück. Der schien hier gegeben, doch der Ort des Geschehens war durch einen weit ausladenden Weidenbusch dem Lichtkegel meiner Lampe entzogen.

Als ich mich nach einigen zugegeben gruseligen Minuten aufraffte, um nachzusehen, entdeckte ich hinter dem Busch eine schwer atmende Kuh, die offenbar unter Komplikationen ein Kalb zur Welt gebracht hatte. Da das Kälbchen auf einer nassen Wiese lag und nicht selbst aufstehen konnte, suchte ich einen Arm voll Heu zusammen und brachte das zitternde Häufchen Unglück zu einem trockenen Platz.

Dann packte ich meine Angelrute zusammen. Auf dem Heimweg verständigte ich den Bauern. Wir fuhren noch einmal mit Trecker und Anhänger zum Wasser, suchten die Wiese mit der Laterne ab und brachten Kuh und Kalb in den trockenen Stall.

An sich hatte dieser Bauer mit den Anglern nicht viel im Sinn. Das änderte sich seit dieser Nacht schlagartig. Jetzt sagt er sogar „Petri Heil" und tippt an seine Mütze, wenn er einem Angler am Wasser begegnet.

Mit Hecht und Karpfen verwandt

In einem überschaubaren Aquarium ist es möglich, das Verhalten und die Gewohnheiten der kleinen bunten Bewohner ziemlich genau zu studieren. Bei Fischen in freier Wildbahn ist das weitgehend unmöglich. Auch der erfahrene Angler mit ausgeprägtem Instinkt weiß relativ wenig über das Verhalten der Fische in verschiedenen Situationen; in seinem Erkenntnisdrang stößt er ziemlich schnell an Grenzen.

Beobachtungen, Erfahrungen und Vergleiche versetzen ihn zwar in die Lage, bestimmte Lebensgewohnheiten der Fische zu erkennen und für sich auszunutzen, deshalb aber zu glauben, er habe das Verhalten der Fische durchschaut, ist eine Überschätzung des eigenen und eine Unterschätzung des Instinktes der Fische.

Unsere Fische haben eine unvorstellbar lange Lebens- und Anpassungsgeschichte hinter sich. Die etwa 600 000jährige Menschheitsgeschichte ist im Vergleich zu den 400 Millionen Jahren, die unsere Fische auf dem schuppigen Buckel tragen, nur eine kurze Spanne. Unsere moralischen Maßstäbe und unsere höhere Intelligenz haben wir auch nicht gerade zum Schutz der „primitiven" Fische genutzt. Im Gegenteil, die Krönung der Schöpfung hat es mit einer hochentwickelten Technik und mit noch höher entwickeltem Egoismus fertiggebracht, „im Namen des Fortschritts" viele Fischarten auszurotten. Dem Angler wäre das trotz aller Erfahrungen und einer raffinierten Gerätetechnik kaum möglich; abgesehen davon, daß er sich strengen Regeln unterwirft und seinen Verstand dazu nutzt, die Fische in seinem Gewässer zu hegen und zu pflegen, nicht nur allein aus tierschützerischen Gründen, sondern auch aus egoistischen Motiven. Da wir keine Engel sind, ist das wahrscheinlich der wirksamste Naturschutz, der den Menschen nicht ausschließt von der Naturnutzung, sondern ihn teilhaben läßt an natürlichen Vorgängen und Abläufen, zu denen, vernünftig geregelt,

auch das Beutemachen gehört. Daran krankt ja heute vielfach ein hochge-
stochener, elitärer Naturschutz, der auf Menschenverachtung basiert und
darum Ablehnung statt Breitenwirkung erzielt.

Es ist auch für einen Angler abenteuerlich und spannend, einmal auf den
Spuren der uralten Geschichte unserer Flossenträger zu wandeln. Es sollte
uns wohl nachdenklich stimmen, daß mit den Fischen eine entscheidende
Phase unserer Entwicklungsgeschichte eingeleitet wurde. Unzulässig ver-
einfacht und auch unwissenschaftlich gesagt: Wir sind mit Hecht, Hai und
Karpfen verwandt, denn alles Leben kommt aus dem Wasser. Aus den
sogenannten Quastenflossern gingen die ersten vierfüßigen Landwirbeltiere
hervor. Über Amphibien und Reptilien führte der Weg weiter zu den
Säugetieren bis hin zum Menschen.

Wer daraus folgert – und einige unserer Kritiker tun das –, es sei primitiv
und unmenschlich, Fische zu fangen, oder wer gar bei dem Gedanken an
das Aufspießen einer Made vor Mitleid dahinschmilzt, der muß sich den
Vorwurf der Heuchelei gefallen lassen. Man darf dann wohl zurückfragen,
wie ihm sein saftiges Steak, der zarte Lachsschinken oder das rohe, fein mit
Ei, Gewürz, Kapern und Sardinen angemachte „Tatar" geschmeckt haben?
Alles, zugegebenermaßen schmackhafte, Teilstückchen von hochentwickelten Säugetieren, uns viel näher verwandt als die Fische.

Das ist vielleicht eine polemisch zugespitzte Replik auf den Vorwurf der
Tierquälerei, gegen den sich die Angler manchmal verteidigen müssen.
Vermenschlichungen sind hier fehl am Platze. Die Schmerzschwelle der
Fische ist unvergleichlich höher als die der Säugetiere; das Schmerzempfin-
den setzt also viel später ein und ist weit weniger intensiv.

Merkwürdig, dieselben Menschen, die so gern Anglerschelte üben, wollen nicht auf ihre Mai-Scholle, auf ihre Forelle blau oder auf den Weihnachtskarpfen verzichten. Im Gegenteil: Ihre Fische, die sie genießerisch
auf dem Wochenmarkt auswählen, müssen lebend frisch sein. Und weil sie
wissen, was sie ihrer Kultur schuldig sind, wenden sie sich diskret ab, wenn
der Fischhändler oder die Verkäuferin den Karpfen mehr oder weniger
fachgerecht tötet. Unsere Kritiker könnten, wie sie versichern, nie die Haut
eines unschuldigen Wurmes ritzen oder gar einen zappelnden Fisch vom
Angelhaken lösen, aber das Wissen darum, daß Menschen sich gegenseitig
mit den raffiniertesten Mitteln der Technik umbringen, mindert nicht ihr
Wohlbefinden.

Wir bekennen uns dazu, daß wir mit dem Fischefangen einem menschlichen Urtrieb nachgehen, den wir durch Hege und Pflege kultivieren, und
wir sind dankbar für jede Stunde, die wir fischen dürfen. Ja, diesen Luxus
erlauben wir uns. So gesehen gibt es dann wohl auch eine direkte Verbin-

dung zwischen „Primitivität", im Sinne von Ursprünglichkeit, und unserer Angelschnur. Und beim nächsten Angeltag, wenn die Sonne uns wärmt oder der Regen uns durchnäßt, wollen wir einige Minuten des Mitleids für unsere Kritiker einlegen. Ihnen mangelt es, so ist zu vermuten, an frischer Luft und Naturnähe.

In einsamen Fischerhütten

Fischerhütten – das Wort allein hat für Angler einen verlockenden Klang. Fischefangen oder zumindest die Beschäftigung mit Fischen zu jeder gewünschten Zeit, manchmal rund um die Uhr, das reißt uns heraus aus einem Alltag mit Pflichten und Terminen und vermittelt uns eine Ahnung von den Zeiten, als unsere frühen Vorfahren noch Fischer und Jäger waren.

Ich sage ganz bewußt, eine Ahnung, denn es gelingt uns wohl kaum, halbwegs nachzuempfinden, wie diesen Fischern zumute war. Beutemachen war lebensnotwendig. Fangarme Zeiten bedeuteten Hunger. Heute greift der Angler, der nichts fängt, auch in der einsamen Fischerhütte lässig zur Konservendose und brutzelt sich etwas Nahr- und Schmackhaftes. Doch ein zünftiger Hüttenaufenthalt am Wasser entführt uns auch heute noch in eine abenteuerliche Welt mit seltsamen Weggenossen.

Früh mit dem Boot hinausrudern, wenn die aufgehende Sonne noch mit Nebel und Morgendunst kämpft, zum einfachen Frühstück mit dem ersten Karpfen oder Hecht zurückkehren. Ein Becher Kaffee und ein Stück Brot, eine Scheibe Schinken. Mittags auf dem Herd zarte Fischfilets zubereiten – ersatzweise Gulasch aus der Dose. In aller Ruhe Aale zum Räuchern fertigmachen.

Ein kleines Nickerchen in frischer Luft, das Gerät nachsehen, neue Spinner und Blinker ausprobieren. Am Nachmittag mit Fernglas und Kamera die Umgebung beobachten und erforschen. Es gibt ja doch noch wildblühende Blumen und bunte Schmetterlinge! Zum Einkaufen ins nahe Dorf gehen (nicht fahren), ein paar Worte mit den Einheimischen wechseln, damit sie in etwa wissen, wer da unten am See haust. Am späten Nachmittag auf Karpfen und Schlei ansitzen. Den frühen Abend bei einfacher Kost und einem Gläschen genießen. Und die halbe Nacht vor der Hütte bei den Aalangeln sitzen. Welch ein aufregendes Geräusch, wenn ein Fisch das Alarmglöckchen scheppernd über die Bretter des Bootssteges zieht. Das macht müde Angler munter!

So ganz allein waren wir nie in den Fischerhütten, in denen wir unsere Angelferien verlebten. In einer finnischen Hütte flatterte regelmäßig bei Anbruch der Dunkelheit eine Fledermaus durch den Raum, aus unserer Perspektive riesig. Wir gewöhnten uns schnell an unseren „Vampir", der am Tage irgendwo im Dachgebälk hauste. Wohl hätten wir das Flugloch verstopfen oder den Gast durch andere Tricks vergrämen können, aber auf das exklusive Vergnügen, mit einer Fledermaus unter einem Dach zu leben, die täglich in unserer guten Stube eine Ehrenrunde drehte, wollten wir nicht verzichten.

In einer anderen recht einsam gelegenen Hütte in Bayern an einem fischreichen See im Voralpengebiet rumorte es nachts so laut, daß ich im Mondschein, mit einem Knüppel bewaffnet, nach dem Rechten sah, aber nichts Verdächtiges entdecken konnte. Als uns der Hüttenbesitzer am nächsten Tag besuchte, sagte er lachend: „Ach ja, das hätte ich Ihnen noch sagen müssen. Das sind unsere Siebenschläfer, die in den Dachsparren hausen."

Ganz still war es selten in unseren Hütten; ob ein Marder in einem Holzstapel neben der Hütte herumkobolzte oder ein Eichhörnchen zielsicher und in immer neuen Anläufen gegen unseren Abfallsack sprang, den wir an einem Baumast befestigt hatten.

Eines Nachts wurde dieser Sack dem kleinen Kobold zur Falle. Wir starteten gegen Mitternacht eine Rettungsaktion, denn der Lärm, den der Störenfried zwischen leeren Dosen und Pappbechern verursachte, war für unsere ganz auf Stille eingestellten Sinne geradezu ohrenbetäubend. Es war völlig windstill, aber der Sack schwankte wie im Sturm hin und her.

Mit Igel und Enten haben wir in einsamen Fischerhütten Freundschaft geschlossen. Eine verwilderte Katze, im Dämmerlicht überdimensional groß, holte sich lautlos die von uns vor der Tür ausgelegten Leckerbissen. Beim Nachtangeln erfaßte meine Taschenlampe einmal ihre grün leuchtenden Augen im Gestrüpp. Am Tage aber blieb sie unsichtbar, obgleich ich sie intensiv unter der Hütte und in der Umgebung suchte. Nachts setzte ich mich regelrecht auf sie an und beobachtete unseren scheuen Tiger auf der Terrasse.

Daß beim nächtlichen Angeln, bei Tierbeobachtungen und beim Nachdenken über Erlebtes und Erlauschtes der Schlaf oft zu kurz kommt, ist eine Erfahrung, die ich in allen Fischerhütten machte. Aber was tut's? Man kann sich ja am Tage ein paar Stunden aufs Ohr legen. Das Geschenk, wieder einmal naturnah zu leben, am Tage ohne Hast und Erfolgszwang zu fischen, schweigend in die Nacht zu lauschen, kaum Zeit zum Grübeln, weil unsere Umgebung uns voll in Anspruch nimmt, das sind bleibende Erinnerungen an unsere Fischerhütten – und dazu die Fische, die wir fingen oder die uns ein Schnippchen schlugen.

Die Angelrute als Wanderstab

Es gibt bestimmt keinen Wanderstiefel, den man zu gegebener Zeit als Fischreuse benutzen könnte. Es dürfte aber, zumindest Marke Eigenbau, einen Wanderstab oder Krückstock geben, aus dem sich im Handumdrehen eine Teleskop-Angelrute zaubern läßt. Wahrscheinlich hat die Angelgeräte-Industrie von der Herstellung eines solchen Angel-Wanderstockes Abstand genommen, weil sie dem als Spaziergänger getarnten Schwarzangler nichts in die Hand geben möchte.

Doch von unlauteren Motiven einmal abgesehen, der Angler, der auch das Wandern liebt und deshalb manchmal zwischen beiden Leidenschaften hin- und hergerissen ist, wird vom Geräteangebot her gut bedient. Es gibt strapazierfähige Teleskopruten von 30 bis 70 cm Transportlänge, die sich leicht in jedem anständigen Wanderrucksack verstauen lassen. Dazu eine kleine Stationärrolle, ein paar Spinnköder, zwei Posen, einige Bleie und Haken – und schon ist der Wanderer nicht nur einsatz-, sondern auch angelbereit. Natürlich ist es gut und nützlich, für einen umfassenden Angeltag ohne Wandergelüste ein breitgefächertes Gerätesortiment mit ans Wasser zu nehmen, doch für den Wanderangler liegt die Weisheit in der Beschränkung.

Und die Chancen? Hat es überhaupt Zweck, mit einer einzigen Rute loszuziehen? Als ich früher, sagen wir vor etwa drei Jahrzehnten, mit dem Fahrrad oder später mit dem Motorrad zum Angeln fuhr, nahm ich aus Platzgründen neben meiner zweckmäßig gefüllten Angeltasche mit dem notwendigen Zubehör nur eine einzige Rute mit. Die Rolle war mit 0,30-mm-Schnur bespult, eine dünnere Schnur für die Köderfischangel sauber auf ein Brettchen gewickelt.

Später vervollständigte eine Ersatzspule mit 0,20-mm-Schnur die schlichte Ausrüstung. Mit diesem Spargerät konnte ich, je nach Gewässerbeschaffenheit und Fischvorkommen, das Grundangeln genauso betreiben wie das Posen- und Spinnangeln.

Schön und gut, die heute so hoch geschätzte Geräteausgewogenheit war sicher nicht hundertprozentig gegeben, aber andererseits hatte diese Methode den großen Vorteil, daß ich mich immer voll auf eine Angel konzentrieren konnte.

Wenn ich meine Fangbücher von „anno dunnemals" ansehe, kann ich eigentlich nicht sagen, daß während meiner Ein-Ruten-Zeit schlechte Fangergebnisse den Angeltag bestimmten. Zehn Gründlinge (als Köderfische), ein Hecht, eine Meerforelle und fünf Aale – eine solche Eintragung würde ich heute schon rot unterstreichen.

Da ich es selber häufig praktiziert habe, noch ein paar Anregungen zum Wanderangeln. Die Situation, von der ich einmal ausgehen möchte, ist heute im Zeichen der grünen Wanderwelle gar nicht so selten. Ein schönes Wochenende. Ehefrau und Sohn sind zwar mit Vaters Angelausflug einverstanden, aber sie wollen nicht schnurstracks im Eiltempo ans Wasser, sondern schon den Weg dorthin genießen. Mit dem leichten Angelgerät im Rucksack kann auch der Angler diesen Wanderweg fast unbeschwert bewältigen.

Nach zwei Stunden Wanderung ist das Gewässer erreicht. Der Petrijünger sucht eine Angelstelle, Söhnchen ist wahrscheinlich mit von der Partie, und die Mutter hat viel Zeit zum Rasten, Lesen und Beobachten. Man bleibt in Reichweite, teilt sich mit, frühstückt zusammen und freut sich gemeinsam über den ersten Fisch. Will Vater ihn gern mitnehmen, macht er ihn gleich küchenfertig. Kann's die Mutter besser, sollte sie es tun. Warum soll es nicht auch beim Fischesaubermachen Gleichberechtigung geben? Die Beute wird in ein feuchtes Tuch oder in einen Leinenbeutel getan und möglichst kühl gelagert.

Wichtig ist nur, daß die Familie sich nicht gegenseitig auf die Nerven geht. Wer Spaß und Freude daran hat, im Grünen zu sein, der leidet auch draußen nicht unter Langeweile. Und ein kluger Angler wird sich davor hüten, Familienangehörige oder Freunde, die keine Lust zum Angeln haben, mit sanftem Zwang an die Angelrute heranzuführen.

Es gibt, mit Einschränkungen und Übergängen, die sich aber in Grenzen halten, Nichtangler und Angler. Wird den Anglern ihre Passion oder die Anlage dazu schon in die Wiege gelegt?

Was mich noch mehr wundert, ist die Tatsache, wie unterschiedlich auch bei Anglern der Instinkt zum Fischefangen ausgeprägt ist. Da sind Naturtalente mit einem sicheren Gespür für fischereiliche Zusammenhänge und auf der anderen Seite ebenso passionierte Angler, die sich jeden Handgriff und jede Erfahrung erarbeiten müssen.

Aber jetzt haben wir unsere Wanderfamilie allein gelassen. Jeder hat also auf seine Weise die Stunden im Grünen genossen. Und ich möchte den Angler sehen, der seinen Fisch als zusätzliche Last nicht gern nach Hause trägt, wenn der Tag sich neigt.

Um keine Mißverständnisse aufkommen zu lassen: Auch der Einsatz der kleinsten Mini-Angel entbindet nicht von der Pflicht, sich zuvor einen Erlaubnisschein zu beschaffen, wenn der Angler sein vertrautes Vereinsgewässer einmal links liegen läßt und zu neuen Ufern vorstößt.

So frei ist der Fischfang in der Bundesrepublik nicht mehr, daß der Gesetzgeber oder der Gewässerpächter eine kleine Angel großzügig übersieht. Am Anfang eines jeden Angelabenteuers steht also ein „bürokratischer Akt". Oft genügt eine Anfrage im Haus „Seeblick" oder wie die freundlichen Ausflugslokale im Grünen sonst heißen mögen. Auch der örtliche Angelgerätehändler oder die Fremdenverkehrsämter geben Auskunft. Die Fachzeitschrift „Fisch und Fang" stellt laufend Angelgewässer vor. Fachliteratur steht zur Verfügung, zum Beispiel der Reiseführer für Angler „Wo fängt man in Deutschland?", Verlag Paul Parey.

Alles geht und gilt, nur nicht die Ausrede bei einer Kontrolle: „Entschuldigung, den Schein wollte ich mir später besorgen..." Erst mit dem gültigen Erlaubnisschein in der Tasche darf der Wanderangler den Reiz des Abenteuers voll genießen.

Man kann das Wanderangeln vielfältig variieren. Ich kenne radelnde Angler, die ihren Drahtesel auf dem Autodach mitnehmen, und andere, die ihn für wenig Geld und gute Worte bei einem freundlichen Bauern unterstellen. Sie haben dann manchmal die Möglichkeit, mehrere Gewässer in der Umgebung „abzuklappern".

Im Gegensatz zur klassischen Fußwanderung läßt das Wandern mit dem Fahrrad für die Gerätezusammenstellung einen ziemlich großen Spielraum. Er hat allerdings da seine Grenzen, wo das Fahrrad des Anglers zu einem schwer manövrierbaren Verkehrshindernis wird. Das hat dann nichts mehr mit Wandern, sondern schon eher etwas mit einem riskanten Transportunternehmen zu tun. Es lohnt sich schon, ja es ist wichtig, sein Angelgerät vernünftig zusammenzustellen und festzuzurren.

Die Vorteile des Fahrradwanderns liegen für den Angler auf der Hand. Viele Gewässer sind mit gutem Recht für Autos nicht erreichbar, oder der Autofahrer kommt bestenfalls bis zum großen Parkplatz am See. In unmittelbarer Nähe des Parkplatzes herrscht im Sommer oft Massenbetrieb. Der

Angler sollte an solchen Strecken lieber Mensch-ärgere-dich-nicht spielen, anstatt seine Ruten auszupacken und sich wirklich zu ärgern. Mit dem Fahrrad sind auch noch die weiter entfernt liegenden Uferregionen zu erreichen, und man wundert und freut sich oft, wie still und einladend es dort ist.

Muß die Ehefrau
zu Hause bleiben?

Ein Angelausflug mit der Ehefrau kann durchaus abenteuerlich sein, und zwar über das normale Maß hinaus. Ein Beispiel: Nach mehr als vierstündiger absoluter Beißpause an einem Kiessee bitte ich meine bessere Hälfte: „Achtest du bitte mal auf die Karpfenrute? Es passiert bestimmt nichts. Ich hol' mal eben meinen Angelstuhl aus dem Wagen. Heute beißt doch nichts mehr, wir können es uns gemütlich machen."

„Ja, ja, geh' man." Meine Frau strickt weiter. Der Wagen steht am anderen Ufer. Als ich zum Angelplatz hinübergucke, um meiner Frau zuzuwinken (soll man ruhig mal tun), werde ich Zeuge einer unwahrscheinlichen Szene. Statt mit den Nadeln „strickt" meine Frau lebhaft mit der Karpfenrute. Ihr Stuhl ist umgekippt, die Angelschnur stramm, die Bremse leider auch. An der Wasseroberfläche ein mächtiger Schwall. „Mach' die Bremse locker", rufe ich über den See, in der Hoffnung, daß es niemand außer meiner Frau hört. „Welche Bremse?" hallt es zurück. Das durfte schon gar keiner hören.

„Warte, ich komme!" Ein halbverschluckter Ärger schwingt schon in der Stimme mit. Wie Nurmi in seinen besten Tagen wetze ich zurück zu der Angelstelle. Es geschehen noch Zeichen und Wunder. Der Karpfen ist noch dran, müde vom etwas verklemmten Drill.

Nun will ich meine Frau auch nicht um die Früchte ihres Drills bringen, obgleich sie mir die Rute liebend gern in die Hand gedrückt hätte. Stehend freihändig fingere ich an der Bremse herum. „So, nun hol' ihn ganz langsam heran." Der Karpfen kommt näher, wird von mir gekeschert. „Gut gemacht, aber jetzt will ich dir erst einmal die Funktion der Rollenbremse

31

erklären..." Kaum, daß ein Petrijünger den Rücken wendet, hängt auch schon ein Abenteuer an der Angel.

Muß die Frau zu Hause bleiben, wenn der Mann auf Angeltour geht? Wir haben diese Frage von Anfang an mit einem klaren Nein beantwortet. Wie heißt es doch so schön in den gängigen Beteuerungen auf Gegenseitigkeit: Freud und Leid teilen... und diese Gemeinsamkeit sollte ausgerechnet bei einer Freizeitbeschäftigung erster Güte außer Kraft gesetzt werden?

Was tut ein Angler am Fischwasser? Er erholt und entspannt sich, beobachtet, was da fleugt und kreucht – und fängt sogar hin und wieder einen Fisch. Und von alledem soll die Partnerin ausgeschlossen bleiben?

Da hört man dann die Ausrede: „Meine Frau hat nicht die geringste Lust, mit mir zum Angeln zu fahren." Und dabei bleibt es – manchmal ein ganzes Leben lang. In den allermeisten Fällen ist an einer solchen Einstellung der gute Fischermann nicht ganz schuldlos. Ist für ihn das Angeln „reine Männersache", schon weil das Bier angeblich unter Männern besser schmeckt, dann wird es ihm kaum einfallen, seiner Frau für den Reiz und die Poesie des Angelns die Augen zu öffnen.

Es gibt wohl Frauen, die mit der „verflixten Angelei" aus Prinzip nichts zu tun haben wollen. Die ganze Sache ist ihnen irgendwie nicht fein genug. Sie können am Wasser weder modisch noch gesellschaftlich glänzen und finden deshalb das Angeln schlicht langweilig. Ich weiß kein Patentrezept gegen eine solche Fehleinschätzung und kann nur hoffen, daß sich die Partner, im Interesse des Ehefriedens, auf anderen Gebieten um so besser verstehen.

Die Mehrzahl der Angler-Ehefrauen läßt sich leicht dazu „überreden", mit dem Mann das Abenteuer Angeln zu erleben, es muß ja nicht gerade bei Schnee und Regen oder bei Windstärke 7 auf einem Angelkutter sein. Ob die Frau dann schließlich selber eine Angelrute in die Hand nimmt oder sich am Wasser ihren eigenen Freiraum schafft, erscheint mir von zweitrangiger Bedeutung.

Und die Kinder? Meine Frau sagte mir neulich, in einer Art Rückblick auf über 30 Ehejahre: „Weißt du eigentlich, daß unsere vier Kinder (drei Wassermänner) praktisch am Wasser großgeworden sind?" Natürlich erinnere ich mich dunkel. Mit dem Kinderwagen, mit dem Fahrrad, mit Bus oder Eisenbahn, zu Fuß oder später mit dem Pkw sind wir an Bächen, Flüssen, Seen und Meeresküsten eingefallen und haben dort ebenso schöne wie abenteuerliche Stunden verbracht – badend, spielend, zeltend. Zwar immer in gebührendem Sicherheitsabstand zum angelnden Vater, aber doch auf Sichtweite und kontaktbereit.

Dicker Aal und Schopftintlinge. Foto: J. Lorenz

Da „blüht" eine Pose neben der Seerose. Foto: O. Volgmann

Leckere Räucheraale und goldene Bücklinge, frisch aus dem Rauch.
Fotos: G. Peinemann (2) und J. Lorenz

Ob Mutter dann später, wenn die Kinder andere Interessen haben oder ausgeflogen sind, angelt, strickt, liest, Pilze oder Heilkräuter sucht, Vögel beobachtet, einfach nur spazierengeht oder sich entspannt, ist eine Sache des Temperaments und der persönlichen Neigung.

Was soll all das neunmalkluge Umweltgerede vom grünen Tisch aus, wenn man sich nicht einmal Zeit und Muße nimmt, sich draußen umzusehen? Und da Angler nicht nur sture Posenkieker, sondern fast immer auch Naturfreunde sind, werden sie auch aufnahmebereit für alle natürlichen Freizeitbeschäftigungen sein.

Zurück zu den Kindern. Fragt man mich nach meinen abenteuerlichsten Fangerlebnissen, denke ich an Hechte, Meerforellen, Karpfen, Lachse ... und an Susi. Susi, die Lieblingspuppe meiner jüngsten Tochter, war ihr beim Spielen an der Soholmer Au in den Fluß gefallen und trieb mit Wind und Strömung zum anderen Ufer ab. Die Puppenmutter war verzweifelt, ihr Kind in Lebensgefahr. Ich wußte, was da psychologisch auf dem Spiel stand, montierte (in der Schonzeit!) eine Spinnrute und versuchte durch Zielwürfe, Susi zu retten, die heulende Tochter zwischen Bangen und Hoffen neben mir.

Susi hatte vor dem Unglück im flachen Wasser, unter Aufsicht, ein Bad genommen und war völlig nackt. Hundert Blinkerwürfe wie ein Weltmeister, aber auch gelegentliche Treffer glitten ab. Die Verzweiflung wuchs. Meine Grenzen als Angler und, schlimmer, als Vater traten offen zutage. Da gab es nur einen nassen und recht kühlen Ausweg: Ausziehen, in den Fluß steigen und Susi retten.

Das war schon ein sehr befriedigender Fang. Und wie wär's mit einem Fachbuch: „So fängt man nackte Puppen"?

Enten, Fischotter und andere Favoriten

Unter den Tieren am Fischwasser hat jeder Angler seine Favoriten, aber auch weniger beliebte Vier- und Zweibeiner. Einmal beobachtete ich an einem See einen Petrijünger, der geschickt und „hautnah" eine große weiße Ente mit purpurrotem Schnabel anlockte und mit leckeren Weißbrothappen versorgte. Keine Frage, die beiden kannten sich. Zu mir hielt die Ente einen deutlichen Sicherheitsabstand, ungefähr nach dem Motto: Füttere mich, aber komm' mir nicht zu nahe.

Wie ich erfuhr, handelte es sich um eine verwilderte Hausente einer mir unbekannten Rasse, die ihr Leben mit einigen Einschränkungen den Bedingungen in freier Wildbahn angepaßt hatte. Der Angler sagte mir, er locke den Vogel, den andere als Braten schätzen, bis unmittelbar an seinen Angelplatz. „Die kennt sogar schon mein Moped, wenn ich ans Wasser komme."

Er fütterte sie unauffällig Stück für Stück, fast heimlich, ohne ausholende Armbewegungen, gleichsam aus dem Handgelenk, manchmal sogar aus der Hand; einmal, um die Fische nicht zu verscheuchen, zum anderen, „damit die verflixten Schwäne nichts merken". Die hatten es nämlich auf diese auffällige Ente besonders abgesehen. Sie aber stellte sich auf die wütenden Verfolger ein, gründelte nur unter buschigen, überhängenden Zweigen im dichten Uferbewuchs, watschelte bei drohender Gefahr durch dick und dünn schnell an Land oder fraß sich in der sicheren Schutzzone des Anglers satt, von dem sie instinktiv wußte, daß er stärker war als der Schwan.

Ich hatte während meiner langjährigen Angelzeit im Norden der Bundesrepublik, im jetzigen Kreis Nordfriesland (damals Südtondern), die ungetrübte Freude und das heute kaum noch nachvollziehbare Vergnügen, den wehrhaften Fischotter in freier Wildbahn zu beobachten. Auch dieses exklusive Abenteuer verdanke ich meinem Hobby; denn die Angelrute, das heißt Vorfreude und Erwartung, peitscht uns frühmorgens aus den Federn, und abends fesselt uns die dünne Angelschnur an das Gewässer. Es könnte ja noch irgend etwas passieren.

Fischotter-Spuren hatte ich schon oft entdeckt. Als ich eines Tages den großen Wassermarder in voller, imposanter Lebensgröße sah, machte er auf mich den Eindruck eines verspielten Seehundes. Ich verzehrte am Schafflunder Mühlenstrom, an einer Stelle mit üppigem Uferbewuchs, nach dem Fang der ersten rotgetupften Forelle gerade mein Frühstücksbrot, als ein Plätschern flußaufwärts meine Aufmerksamkeit erregte. In Rückenlage schwamm mit dem Strom ein grau-brauner Otter auf mich zu, zwischen den Vorderbranten einen daumendicken Aal, den er mit dem Kopf zuerst in den Fang geschoben hatte.

Die lässigen Bewegungen des Marders wirkten spielerisch und kraftvoll zugleich – ein Artist, der sich seines Könnens bewußt war. Der Aal im Fang des Tieres wand und drehte sich, aber wegen dieser kleinen Beute wollte der Otter wohl seine Schwimmstunde nicht unterbrechen. Als der angeschnittene Aal dem lässigen Rückenschwimmer dann doch entglitt, schraubte er sich pfeilschnell mit einer halben Drehung unter Wasser und tauchte zwei Meter weiter mit der Beute im Fang wieder auf. Nun wollte er mit dem Rest der leckeren Mahlzeit doch wohl sichergehen und stieg etwas schwerfällig ans seichte Ufer. Nur die kräftige Rute, sein Steuer, ließ er im klaren Wasser spielen.

Ich wagte kaum zu atmen, richtete mich im Zeitlupentempo ein klein wenig auf, um den Otter, der katzenähnlich mit schräger Kopfhaltung den Aal fraß, besser beobachten zu können. Ein kaum hörbares Sandknirschen genügte, um den Braunen zu warnen. Er ließ den Aal fallen, rümpfte, wie es mir schien, mißmutig die Nase, schlüpfte blitzschnell ins Wasser und rauschte wie die wilde Jagd flußabwärts.

Als ich einmal frühmorgens an der Lecker Au meine Hechtangeln ausgelegt hatte und guter Dinge auf den ersten Biß wartete, kam plötzlich aus der Flußbiegung heraus ein merkwürdiger Torpedo auf mich zugeschwommen. Im Zickzackkurs rauschte dort unter Wasser etwas unerhört Lebendiges auf meinen Angelplatz zu, wovon ich nur die Bugwelle sah, die sich von Ufer zu Ufer fortpflanzte und das Flüßchen in Bewegung brachte. Ein Lachs, ein Riesenhecht?

Kurz vor meiner ersten Hechtangel stieß das unbekannte Wesen in die Uferböschung, und hätte es mir nicht beim Abtauchen für Sekundenbruchteile seinen braunen Balg gezeigt, wären meine Gedanken wohl noch lange mit dem vermeintlichen Riesenfisch beschäftigt gewesen.

Ein andermal rückte ich einem Otter hautnah auf den Pelz. Ich machte ihn auf der Morgenpirsch mit der Angelrute in einer feuchten Mulde am Ufer der Soholmer Au in Nordfriesland hoch, wo er beim eifrigen Muschelknacken mein Kommen überhört hatte. Er lief etwas plump in wellenförmigen Bewegungen über die Wiese und verschwand, wenige Schritte vom Ufer entfernt, in einem gut handtellergroßen Erdloch. Ich stökerte neugierig mit meiner Angelrute nach und stieß mit der Spitze auf etwas Weiches, Lebendiges. Gleich darauf geriet das Wasser in Bewegung und verfärbte sich über die ganze Flußbreite dunkelbraun. So ungestüm war der Otter in den Strom geschossen. Das Kitzeln mit der Rutenspitze hatte ihm nicht behagt.

Ich fragte später einen Jäger, ob es ratsam gewesen wäre, mit der Hand nach dem Fischotter im Erdloch zu fingern. Er antwortete sarkastisch: „Das sollten Sie nur tun, wenn Sie den einen oder anderen Finger an ihrer Hand entbehren können..."

Eine weitere Begegnung mit einem Fischotter hatte eher etwas Gespenstisches. Mein Sohn und ich verspäteten uns beim Karpfenangeln an einer Kuhle unmittelbar neben der Lecker Au wieder einmal, und so schoben wir unsere Fahrräder, um den Weg abzukürzen, unterhalb des Deiches durch matschigen Boden und feuchtes Gras.

Der Nebel zog in Schwaden durch die Niederung. Plötzlich hörten wir ein Rascheln im Gras und gleich darauf ein wütendes oder aufgeregtes, kurz abgehacktes Keckern. Wir standen wie angewurzelt und lauschten. An den für unsere Ohren ungewohnten Geräuschen konnten wir ziemlich genau den Weg des Tieres verfolgen. Es schlug an der schrägen Deichböschung zweimal einen halben Bogen um uns.

Ich fingerte nach meiner Taschenlampe, ließ sie aufleuchten, und wir sahen im milchigen Lichtkegel schemenhaft einen aufgerichteten Fischotter. Er ist und bleibt für mich zwar ein Star unter den heimischen Tieren, aber im Scheinwerferlicht mochte er doch nicht stehen.

Das Keckern verstummte jäh, Gras und Schilf raschelten, dann zitterte der unterste Draht des Weidezaunes, der den schmalen Weg von einem zugewachsenen Entwässerungsgraben trennte. Planschen, Eintauchen, Stille. Wir suchten den Graben mit der Taschenlampe ab; der Otter blieb verschwunden.

Warum hatte der Großmarder sich nicht schon bei unserer gewiß nicht leisen Annäherung in Sicherheit gebracht? Wir lehnten unsere Räder an die wackeligen Koppelpfähle und leuchteten die Deichböschung ab. Dabei entdeckten wir einen im Nacken hart angeschnittenen, etwa fünf Pfund schweren Hecht. Solch eine gewichtige Beute fängt auch ein so geschickter Fischer wie der Otter nicht alle Tage. Kein Wunder, daß er nicht so ohne weiteres von ihr lassen wollte. Im Schutz von Dunkelheit und Nebel fühlte er sich einigermaßen sicher. Erst als er durch das künstliche Licht enttarnt war, gab er sein blutfrisches Beutestück auf.

Izaak Walton und wir

Waltons Abneigung, ja Zornesausbrüche gegen meinen besonderen Freund, den Fischotter, haben mich immer befremdet; sie sind auch nur aus seiner Zeit heraus zu verstehen. Im übrigen war seine poetisch überhöhte Liebe zu den Fischen wohl so groß, daß er allen fischverzehrenden Lebewesen den Kampf mit der Feder ansagte – er wird als Angler seine Gründe gehabt haben, den Menschen nicht mit einzubeziehen.

In einem interessanten und lehrreichen imaginären Gespräch mit dem Jäger und Falkner spricht Izaak Walton (1593 bis 1683), der Klassiker der englischen Fischereiliteratur, in seinem bekanntesten Buch „Compleat Angler" (deutsche Ausgabe „Der vollkommene Angler", Verlag Paul Parey) vom dem „elenden Ottergesindel, das aus reiner Mordlust die schönsten Fischwasser brandschatzt".

Zu Waltons Zeiten kam der wehrhafte Großmarder noch massenhaft vor und schnappte den Anglern so manche Rotgetupfte vor der Nase weg. Mir liegt es fern, einem so klugen Dichter wie Walton so etwas wie Konkurrenzneid zu unterstellen; er lebte und fischte vielmehr in einer Zeit, in der es sich die Menschen (vielleicht) noch erlauben konnten, die Tierwelt mit sehr vordergründigen und egoistischen Maßstäben in „schädlich" und „nützlich" zu unterteilen. Walton hätte nicht nur ein Dichter, sondern auch ein Prophet sein müssen, um vorauszusehen, daß diese Beurteilung, verbunden mit einer hemmungslosen Ausbeutung der Natur, zur Ausrottung vieler Tiere und Pflanzen führen würde und daß man zum Beispiel den Fischotter heute in Deutschland fast nur noch in Tiergärten beobachten kann.

Mit großem Vergnügen und innerer Anteilnahme liest man auch heute noch Waltons Lobpreisungen auf den Fischer und die Fische. Beredt und mit fast heiligem Eifer bringt Walton seinen Gesprächspartnern, dem Jäger und dem Falkner, die erbaulichen, naturverbundenen und erzieherischen Aspekte des Umgangs mit der Angelrute nahe. Alle Argumente Waltons spiegeln zweifellos seine eigenen Erfahrungen, Erlebnisse und Erkenntnisse wider; andererseits war seine Absicht, Jäger und Angler als gleichberechtigte Partner nebeneinander zu stellen, in der Mitte des 17. Jahrhunderts gewagt und beinahe revolutionär, denn das Angeln war damals, im Gegensatz zur elitären Jagd und Falknerei, keineswegs gesellschaftsfähig, sondern eher ein wenig anrüchig.

Walton zögerte nicht, sich in seiner Lobrede auf die Fischer auch auf Christus zu berufen, der wohl nicht von ungefähr vier Jünger aus dem Fischerstande ausgewählt habe, um seine Lehre zu verkünden. Es waren die Apostel Petrus, Johannes, Jakobus und Andreas. ,,Diese gutartigen, einfachen, aber festen Menschen dünkten ihm für die schwere Aufgabe besser geeignet als andere aus zweifellos mehr weltgewandtem Stande.''

Die Wahlverwandtschaft mit den Heiligen aus dem Fischerstande, vor alle mit dem vielzitierten Petrus, mag den Anglern wie Musik in den Ohren klingen. Doch wer wollte heute wohl einen wie auch immer gearteten und konstruierten Vergleich zwischen Jüngern und Petrijüngern wagen? Stehen wir heute irgendwo an der Elbe, noch zu Zeiten unserer Großväter ein sauberer, fischreicher Fluß, so rauscht an uns ununterbrochen der Sündenfall eines viel zu teuer erkauften Fortschritts vorbei; er riecht hier nach Öl und Phenol und vermittelt keine Spur von Schöpfung und froher Botschaft.

Also haben die totalen Umweltpessimisten und Untergangspropheten doch recht? Ich wage zu widersprechen. Es gibt auch bei uns noch viele saubere Gewässer mit gesunden Fischen. Und da es keinen Zweck hat, nur auf Hilfe von außen zu warten, zu klagen und ansonsten die Hände in den Schoß zu legen, sollten die Angler in Zukunft noch mehr für die ihnen anvertrauten Gewässer tun. Sie können zwar nur einen kleinen Beitrag zu ihrer Rettung leisten, aber genau auf diesen Einsatz kommt es an.

Wir sind schon bei der Entrümpelung der Gewässer als die ,,Müllmänner der Nation'' abgestempelt; sehen wir das als einen Ehrentitel an. Ein Angler, der ein einziges Mal eine verbotene Schmutzwassereinleitung feststellt, sie meldet und dazu beiträgt, daß Abhilfe geschaffen wird, hat mehr für den Umweltschutz getan als andere, die nur vom Umweltschutz reden. Es ist lobenswert, daß die Mitglieder eines Frankfurter Fischereivereins neben ihren üblichen Papieren obligatorisch einen Alarmplan mit sich führen, der Informationen und Anschriften enthält, die unerläßlich sind, um eine Gewässerverschmutzung oder ein Fischsterben zu melden.

Wir können heute nicht mehr so angeln wie einst Izaak Walton, in einer

Zeit, als zwar nicht die Welt, wohl aber die Umwelt noch halbwegs in Ordnung war; wir können leider nicht einmal mehr so angeln wie unsere Großväter, als sich Werden und Vergehen, das Zusammenleben der Arten, die Gesetze der Arterhaltung einschließlich des Gesetzes vom Fressen und Gefressenwerden, noch nach natürlichen Regeln vollzogen. Wir haben es, um bei den Fischen zu bleiben, zum Beispiel fertiggebracht, das elementarste Glied der Kette, das natürliche Ablaichen der Fische, in vielen Gewässern zu zerstören. Wer sollte eigentlich mehr Interesse daran haben als die Angler, diese Mißstände langfristig wieder in Ordnung zu bringen?

Nicht der Ehrenrat, nicht die Wettkampfmannschaft, nicht das Prestigebedürfnis eines Vorstandes und auch nicht die Auszeichnung verdienter Mitglieder sollten im Vordergrund der Bemühungen eines Angelvereins stehen, sondern gutgeschulte Gewässerwarte, denen ökologische Grundbegriffe vertraut sind, die ein Gewässer nicht nur nach den Wünschen fangfreudiger Mitglieder besetzen, sondern in erster Linie danach, welche Fischarten die Chance haben, in diesem Gewässer natürlich zu leben und sich fortzupflanzen.

Walton zählt die Angler, wiederum abgeleitet aus der Bibel, zu den Sanftmütigen und zu den „nachdenklich und ruhig veranlagten Menschen". Sein Wort in Gottes Ohr. Aber vielleicht hindert uns die Sanftmut daran, unsere Interessen, die weitgehend ja auch die der Allgemeinheit sind, energisch zu vertreten. Es gibt Interessenvertretungen, die ihre oft egoistischen Ziele viel wirkungsvoller durchsetzen als die Angler, die sich allein in der Bundesrepublik auf mehr als eine Million Anhänger berufen können.

Damit haben wir den leidenschaftlichen und fachkundigen Schriftsteller der „schönen Fischweid" modern und sehr frei interpretiert. Ich bin davon überzeugt, daß der poetische Angler Walton, der ja auch ein sehr genauer Beobachter war, heute ein engagierter Umweltschützer wäre. Walton würde heute den Fischotter lieben und sich für seinen Schutz einsetzen, er wäre ein kritischer, wahrscheinlich auch enttäuschter Zeitgenosse, aber er würde trotz allem auch heute noch das Angeln als „eines nachdenklichen Mannes Erholung" beschreiben.

Sitzen wir mit Walton noch in einem Boot? Ich meine, ja. Sitzen wir, wie er im übertragenen Sinne meinte, auch mit Petrus und Johannes in einem Boot? Abgesehen von der grundsätzlichen Fragwürdigkeit eines solchen Bildes, dessen Hintergrund, genaugenommen, mehr von religiösen als von fischereilichen Motiven bestimmt wird, sei uns als Anknüpfungspunkt auch weiterhin unser freundliches „Petri Heil" erlaubt. Daß dieser Gruß uns an einem Fluß, der Chemierückstände und ungeklärte Abwässer befördert, nur zögernd über die Lippen geht, macht unsere Probleme und Aufgaben drei Jahrhunderte nach Izaak Walton deutlich.

Maronen und
Tintlinge „geangelt"

Die Angelschnur zieht nicht nur Fische an Land; fast jeder Angler weiß, daß sie ihn auch in andere Abenteuer verwickelt. Manchmal auf Umwegen. Man fragt sich zum Beispiel, was Röhren- oder Lamellenpilze mit der Angelschnur zu tun haben. Mehr als der Laie denkt, wie ich aus langjähriger Erfahrung weiß. Einmal gibt es einen sehr direkten Zusammenhang. Zarte Champignonstückchen mit oder ohne Maden sind, richtig angeboten, gute Friedfischköder. Indirekt, im übertragenen Sinne, zieht uns die Angelschnur manchmal in gute Pilzreviere.

Wir kennen auf dem Weg zum Fischwasser einige Wiesen mit knackigen Champignons, manchmal faustdick mit geschlossenen Hüten, Waldränder mit schokoladenbraunen Maronen und eine Ödlandfläche, auf der die Schopftintlinge über Nacht aus dem Boden schießen.

Dann müssen die Karpfen und Hechte mal eine Stunde warten. Denn Pilzesuchen ist fast ebenso spannend wie Fischefangen, wenn auch berechenbarer und übersichtlicher. Außerdem ist hier auch die selten angelnde Ehefrau hundertprozentig bei der Sache.

Für einen Spankorb voll frischer Pilze lasse ich unter Umständen einen Hecht in die Binsen gehen. Und der Anblick einer wohlsortierten Pilzernte ist für uns auch ein ästhetischer Genuß. Während wir beim Angeln gar nicht gern ans Fischessen denken, läuft uns beim Einsammeln leckerer Pilze das Wasser im Mund zusammen.

Welch eine Erlebnisskala tut sich hier auf! Vorfreude, Suchen und Finden, Entdecken, Skepsis (war ein anderer schon vor uns da?). Kein Wunder, daß viele Angler auch Pilze sammeln. Ich will es gar nicht verschweigen: Der Genuß von Pilzen ist gefährlicher als eine Fischmahlzeit, denn giftige Fische gibt es bei uns nicht, höchstens daß uns eine Gräte im Halse steckenbleibt.

Wir – beim Pilzkapitel ist immer von meiner Frau und mir die Rede – können theoretisch 32 eßbare Pilzarten mitnehmen. Verständlich, daß wir noch nie die Freude hatten, sie bei einem einzigen Ausflug zu finden. Aber im Wald und auf der Heide, mit einem Abstecher auf grüne Weiden, vereinigen sich gar nicht so selten fünf bis acht verschiedene Pilzarten in unseren Körben.

Diese Mischung kann in etwa so aussehen: Maronen, Moospilze (wir machen einen Unterschied zwischen diesen beiden Pilzen), Stockschwämmchen, eine Handvoll graublättriger Schwefelköpfe, honiggelbe krause Glukken, Birkenpilze (den Kahlen Krempling lassen wir stehen), vielleicht ein Steinpilz, zur Abrundung der Sammlung, des Aromas und des Geschmacks ein paar rot anlaufende junge Parasolpilze und von der Wiese zwei Hände voll (es dürfen auch mehr sein) feste Champignons. Den herrlichen Duft im Pilzkorb und auch in der Pfanne rieche ich sogar jetzt, da ich am Fenster vor einer tristen Winterlandschaft an diesem Buch schreibe. Es kann und soll kein Pilzbuch ersetzen, obgleich es mich reizen würde – beinahe hätte ich „reizkern" geschrieben –, unter den Perspektiven von Entdecken und Abenteuer ein Pilzbuch zu schreiben.

Auch soll die Erwähnung der vielen Pilzarten, die wir ohne Zögern mitnehmen, nicht unbedingt zur Nachahmung anregen. Die Freude kann ebenso groß sein, wenn sich ein Pilzsammler auf drei oder vier Standardsorten beschränkt. So bescheiden fingen auch wir einmal an, aber dann haben wir uns weitere Pilze über kritisches Prüfen und mit Hilfe zuverlässiger Bestimmungsbücher erarbeitet, hin und wieder auch über das erträgliche Opfer leichter Magenbeschwerden.

Als wir im Spätsommer auf der Heimfahrt vom Angeln einmal neben einem Feldweg haltmachten, um auf einem Stück Ödland Schopftintlinge zu ernten, mußten wir anfangs um jeden Pilz kämpfen. Nicht etwa, weil wir Konkurrenten gehabt hätten – der Pilzneid ist noch stärker ausgeprägt als der Anglerneid –, sondern weil drei wandernde Familien mit drei Frauen, drei Männern und einem knappen Dutzend Mädchen und Jungen uns so eindringlich warnten, daß diese Art der Beeinflussung schon als Nötigung ausgelegt werden konnte.

Eine besonders energische Mutter kämpfte wie eine Tigerin um unser Überleben. „Sie wollen diese Pilze doch nicht etwa essen! Das sind neben dem Knollenblätterpilz die giftigsten Lamellenpilze, die es gibt!" Aha, dachte ich, doch eine Konkurrentin; ihre fachlich orientierte Ausdrucksweise ließ eine getarnte Pilzkennerin vermuten. Sie wollte uns verunsichern (nicht mit uns!), wir sollten das Feld räumen, und sie würde dann mit ihrem Anhang über die Schopftintlinge herfallen, die teilweise wie junge Spargelstangen den Boden gesprengt hatten. Freundlich lächeln und ruhig weitersuchen. Nur die knapp daumengroßen Pilze schnitten wir im Erdreich ab, nicht die großen Exemplare, die sich oben unterm Hut schon tintig blau färbten.

Aber die gute Mutter ließ nicht locker, ihre Kritik gipfelte schließlich in dem Satz: „Also, nun seht mal Kinder, so sehen potentielle Selbstmörder aus!" Erst in einer ruhigen Phase des Fachgesprächs, als wir ihr alles sagten, was wir über Tintlinge wußten, und ihr auf Ehrenwort versicherten, daß wir schon unzählige Male diesen schmackhaften Pilz mitgenommen und genossen hätten, schwand zumindest bei den Kindern das Mißtrauen und die Sorge um unser Wohlergehen. Die große, hübsche Tochter lief sogar mit fliegenden Fahnen zu mir über, als ich unterschwellig andeutete, ich sei viele Jahre Pilzberater gewesen. Endlich kam der erlösende Satz: „Du, Mama, das ist ein Experte!"

Diese sprunghafte Karriere vom potentiellen Selbstmörder zum anerkannten Experten tat uns wohl. Kein Gift war mehr zwischen uns – oder doch? Wir stellten uns vor, fragten nach dem Woher und Wohin. Die Harmonie von Naturfreunden griff um sich, und dennoch bin ich davon überzeugt, daß zumindest die kritische Mutter in den folgenden Tagen verstohlen die Todesanzeigen der Tageszeitungen studiert hat.

Geräucherte Abenteuer

Wir wollen vom Fischeräuchern nicht wie von einem Kult sprechen, aber mehr als ein nüchternes Rezept für die Fischzubereitung ist es allemal. Also ein weiteres Abenteuer für Angler? Ich meine schon. Abenteuerlich, mit ironischem Beigeschmack, kann schon das Endprodukt unserer mehr oder weniger stark ausgeprägten Räucherkünste sein. Zuviel Hitze, falsches Aufhängen – schon macht es Platsch in unserem Räucherofen, und das häßliche Zischen trifft unsere empfindlichsten Nerven. Unser Räuchertraum löst sich nicht in Rauch auf, das wäre ja noch zünftig, sondern er verbrennt, verkohlt oder läuft einfach aus. Wir können es gar nicht fassen, daß der ausgebrannte, unansehnliche Schlauch, den wir schließlich mit tränenden Augen (vom beißenden Qualm) aus Rauch und Feuer vom heißen Blech bergen, tatsächlich unser mühsam gefangener und liebevoll vorbereiteter Aal sein soll. Mit den goldgelb geräucherten Produkten auf den Farbseiten von „Fisch und Fang" hat unser Räucherfisch keinerlei Ähnlichkeit. Und wenn doch noch ein Stückchen golden durchschimmert, so ist diese Ähnlichkeit rein zufällig.

Eine andere, häufig anzutreffende Räucherpanne: Drei Minuten aufloderndes Feuer, damit verbunden ein rascher Temperaturanstieg auf über 100 °C, schon zischt es wieder leise vor sich hin. Und die Überschrift könnte lauten: So räuchert man Platzaale mit Fettschwänzen.

Dabei kann Räuchern so schön und im guten Sinne abenteuerlich sein. Wenn der herbwürzig-aromatische Rauch sich kräuselt und in dünnen Schwaden aus allen Fugen des Ofens dringt, die Hitze im Feuerungskasten das Räuchermehl aus edlen Laubhölzern dunkel einfärbt und mit glimmenden Funken durchsetzt, dann genießen wir diese Vorgänge nicht nur, weil wir uns auf einen Gaumenschmaus freuen. Der Inhalt unseres Ofens, selbstgefangene Fische, ist, fast ein wenig magisch, in Rauch eingehüllt. Wir können nur ahnen, was sich da, unseren Blicken weitgehend entzogen, entwickelt, und hoffen, daß alles gutgeht. Feuer, Rauch, Hoffnung, Erwartung – fehlt nur noch die Beschwörungsformel, dann haben wir doch so etwas wie eine kultische Handlung.

Alte Räucherhasen, die alle Handgriffe sicher beherrschen und von vornherein wissen, was schließlich herauskommt, werden ihr weises Haupt schütteln. Das Abenteuer ist hier auf seiten des Amateurs, der jeden Fisch fast feierlich in den Ofen hängt, nachdem er ihn in einer Lauge angemessen gesalzen und anschließend gut getrocknet hat.

Dem immer noch lernenden Amateur macht es überhaupt nichts aus, zwei geschlagene Stunden vor seinem Ofen zu hocken, bei herausgezogenem Feuerungskasten behutsam Holz nachzulegen, offenes Feuer mit Sägemehl abzudecken, ohne es zu ersticken, mit gereizten Augen einen Blick in das Ofeninnere zu riskieren (nicht zu oft den Deckel anheben), den Zug zu regulieren und prüfend den aufsteigenden Rauch zu schnuppern. Beim Angeln gibt es, wie wir wissen, keine Langeweile, beim Räuchern schon gar nicht. Jeder genießt es auf seine Weise.

Da wir zu Hause in dem kleinen Vorgarten unsere Nachbarn nicht durch aufsteigenden Rauch belästigen wollen, bringen wir alle Sachen in einen nahegelegenen Park. Den Blechofen; Aale oder andere Fische, gesalzen und getrocknet, auf einem großen Tablett; einen Eimer mit Feuerholz; Räuchermehl, verfeinert mit einer Spezialmischung oder mit Wacholderzweigen; ein Beil zum Nachhacken; ein Tuch und eine Zange, um bei Bedarf den heißen, manchmal verklemmten Feuerungskasten herauszuziehen. Dann setzen wir uns auf einen Klappstuhl, lassen den Ofen qualmen, beantworten neugierige Fragen von Spaziergängern, genehmigen uns ein Bierchen und können bei dieser Beschäftigung ohne weiteres auf jeden spannenden Fernsehkrimi verzichten.

Hat der Angler einen eigenen Garten, so darf er sich glücklich schätzen, weil er ohne Fremdkommentare seine Räucherfreuden genießen kann. Andererseits ist der Räucherofen, ähnlich wie ein Kamin, sehr kontaktfördernd; Feuer und Rauch ziehen Menschen an. Ein erhalten gebliebener Instinkt aus grauer Vorzeit? Und was fragen die Spaziergänger, die der Rauch neugierig gemacht und angelockt hat? Kann man mal probieren? Verkaufen Sie auch Räucherfisch? Sind das etwa Aale aus diesem kleinen Teich hier? Kann man auch Blumenkohl-Aale räuchern? Zwar müssen wir fast alle diese Fragen höflich verneinen, aber es entwickelt sich zuweilen doch ein recht nützliches Gespräch über Angeln und Räuchern, über Umweltschutz und über das einfache Leben.

Als wir uns einmal, in einem Anfall von Großherzigkeit, entschlossen, mit unseren Räucherprodukten liebe Nachbarn zu erfreuen – und das auch schon vorher angekündigt hatten –, kamen Räucherflundern aus dem Ofen, die wie graue Waschlappen aussahen. Es ist noch kein Räuchermeister vom Himmel gefallen. Man muß Lehrgeld zahlen, siehe Platzaale, Fettschwänze und graue Waschlappen. Aber irgendwann raucht der Ofen richtig und den Gästen läuft schon beim Anblick der veredelten Fische das Wasser im Mund zusammen.

Um als Anfänger nicht so viele Enttäuschungen zu erleben, daß man den Räucherofen nur noch scheel von der Seite ansieht, sollten wir klein anfangen; also nicht mit den doch etwas heiklen Aalen, sondern lieber mit silbernen Heringen. Haben wir keine Gelegenheit, sie selber zu fangen, kaufen wir sie uns. In diesem Fall heiligt der Räucherzweck die Mittel. Heringe sind so zart, daß sie bei einem Spitzenwert um 90 Grad und einer Räucherdauer von einer knappen Stunde genauso goldig aussehen wie auf den Reklamebildern der fischverarbeitenden Industrie. Aus schlichten Heringen werden Bilderbuch-Bücklinge.

Auch die Regenbogenforelle, neben dem Aal wohl der beliebteste Räucherfisch, ist ohne Komplikationen mit Rauch und etwas Geduld zu veredeln. Makrelen und Schollen sind zumindest für den Anfänger heikle Fische.

Es gibt Spezialisten, die von geräucherten Hechten, Zandern und Barschen begeistert sind. Alles Geschmackssache, mir sind diese Fische zu trocken, es gibt für sie meines Erachtens bessere Zubereitungsarten. Schleien und Karpfen zählen zu den Fischen mit einem hohen Schwierigkeitsgrad. Sie sind deshalb dem Anfänger nicht zu empfehlen, da sie beim Erhitzen zu leicht vom Haken fallen. Es sei denn, man hat Gelegenheit, sie liegend zu räuchern. Aber auch dann erfordert der Räuchervorgang viel Fingerspitzengefühl und Erfahrung. Eine cremige Räucherschleie ist allerdings auch eine ganz besondere Delikatesse.

Zum großen Abenteuer Angeln gehört das Räuchern allemal. Im Rahmen dieses Buches ist es leider nicht möglich, den Ofen richtig qualmen zu lassen und zu beschreiben, wie man den Fang zünftig vergoldet. Wer sich auf dem Weg zum „Räuchermeister" näher informieren will, dem seien das Buch „Das Räuchern von Fischen" (Verlag Paul Parey) und der „Fisch und Fang"-Räucherkurs (Heft 5–12/83) empfohlen.

Angler
und
andere Zeitgenossen

Es mag psychologisch entlarvend sein: Unter den vielen tausend Angelbildern, die ich bei meiner beruflichen Tätigkeit betrachtet und ausgewählt habe, gefällt mir ein Motiv ganz besonders. Da sitzt ein Angler auf einer stubengroßen Insel; zwei Angelruten ragen ins Wasser, Gerätekasten und Kescher liegen griffbereit. Unterschrift: Zu klein für Robinson – für einen Angler reicht's.

Der Angler als glücklicher Herrscher über ein paar Quadratmeter Land, umgeben von Wasser und (hoffentlich) Fischen. Für mich ein Bild, das besser als viel Worte typische Anglermentalität widerspiegelt: ganz ungestört dazusitzen; in einem beneidenswerten Zustand zwischen Spannung und Entspannung für ein paar Stunden frei zu sein.

Und die anderen Zeitgenossen? Merkwürdig genug, jedem Nichtangler fällt, wird er darauf angesprochen, irgendeine Geschichte über die Angler ein. Den ganzen Tag auf diese Pose, oder wie das Ding sonst heißt, starren und auf einen Fisch warten, der ja doch nicht beißt. Langweilig! Oder sollte doch etwas an dieser Angelschnur dran sein? Es gibt immerhin viele prominente Leute, die gern angeln. Der Chef angelt auch, opfert dafür sogar seinen Urlaub.

Ist unser Nichtangler bis zu dieser tiefschürfenden Überlegung vorgedrungen und hat er außerdem noch einen Angler in seinem Bekanntenkreis, dann kommt irgendwann der Vorstoß ins Unbekannte mit der Frage, die jeder Angler mit Bangen oder zumindest mit gemischten Gefühlen hört: „Sag mal, kannst du mich nicht mal mitnehmen? Ich möchte auch einmal einen Fisch drillen – oder wie das heißt." Mag ja sein, daß auf diese Art und

Weise hin und wieder ein neuer Angler geboren wird, doch in der Mehrzahl solcher Vereinbarungen auf Zeit sind beide Teile froh, wenn sie das Abenteuer überstanden haben.

Der Nichtangler zehrt noch etwas länger davon, weil er abenteuerliche Dinge zu berichten weiß: „Menschenskind, vor Sonnenaufgang aufstehen, unheimliche Mengen Gerät zum Angelplatz schleppen, Würmer und Kartoffeln auf Angelhaken stecken. Und dann haben wir stundenlang gesessen. Gegen Mittag hat endlich ein Karpfen angebissen. Den hat der Angler wieder zurückgesetzt, weil er angeblich einen Zentimeter, stell' dir vor, einen Zentimeter, zu klein war. Und geregnet hat's! Das Wasser ist mir von oben in den Hemdkragen und in die Schuhe gelaufen. Immer auf die Pose und auf ein Stückchen Silberpapier starren. Und den einzigen Fisch läßt er wieder schwimmen. Nee, das ist nichts für mich..."

Wir wollen es gern zugeben. Es ist manchmal wirklich nicht leicht, die Angler zu verstehen. Und das nicht nur zur Sommerzeit... Es ist nun schon eine ganze Reihe von Jahren her, als ich noch zünftig mit dem Fahrrad zum Fischwasser fuhr. Damals strampelte ich am Morgen des 24. Dezember (soll ja ein besonderer Tag sein...) zum Hechtangeln zu meinem etwa zehn Kilometer entfernten Lieblingsfluß. Mein Nachbar, ein Nichtangler, machte gute Miene zum seines Erachtens bösen Spiel und fragte grinsend: „Na, immer noch keinen Weihnachtskarpfen?" Er wußte sicherlich etwas von brennenden Kerzen am Tannenbaum, aber nichts von brennenden Anglerwünschen.

Die Pedalen meines Fahrrades drehten sich fast von allein, die Fahrt ging ja zum Fischwasser. Schnell war die Rute montiert. Mein Blinker zog kreuz und quer die schönsten Lamettafäden durch den Fluß, doch „mein Hecht" war nicht zu Hause, alle Gumpen schienen verwaist. Die Stunden verrannen. Ach, den nächsten Gumpen nehme ich auch noch mit. Aber dann kam irgendwann die innere Stimme: Junge, mußt du auch am 24. Dezember übertreiben?

Ich wage es gar nicht niederzuschreiben, weil es weihnachtlich aufgesetzt und nach Frau-Holle-Latein klingt. Aber was wahr ist, muß wahr bleiben, und manchmal geschehen noch Wunder. Kurz und gut: Es begann zu schneien. Als ich endlich am Nachmittag mit leerem Rucksack meine Blinkerrute zusammenpackte, hatte sich mein am Koppelzaun abgestelltes Fahrrad märchenhaft herausgeputzt.

Dieser weihnachtliche Schmuck war mit ein paar Handbewegungen weggewischt. Daß sich mein Drahtesel aber während meiner Abwesenheit einen Plattfuß zugelegt hatte, nahm ich ihm persönlich übel. Denn jetzt wurde die Sache von der Zeit her brenzlig. Zehn Kilometer waren mit leise

Zu klein für Robinson, aber groß genug für einen Angler. Foto: H. Brozio

Einsame Fischerhütte. Foto: H. Kindermann. Und die kleinen Dinge am Rande: Himbeere mit Marienkäfer und Tagpfauenauge. Fotos: H. Brozio

Nach Sonnenuntergang: Warten auf Dorsch und Butt. Foto: J. Darling

Nur wenige Angler haben
noch Gelegenheit, den
wehrhaften Fischotter
zu beobachten.
Foto: H. Brozio

zischendem Schlauch zurückzulegen. Pumpen – Fahren – Traben... Pumpen – Fahren – Traben. Ich hinterließ eine merkwürdige Spur im Neuschnee.

In einigen Vorgärten brannten schon die elektrischen Kerzen an den Tannenbäumen. Die Leute mochten denken: Ist der Mann da mit der Rute am Fahrrad ein früher Weihnachtsmann oder ein verrückter Angler? Und nur die Tatsache, daß ich beim Eintritt in die warme Weihnachtsstube wahrheitsgemäß vermelden konnte, „von draußen, vom Walde komm' ich her...", rettete mich vor der Ungnade der lieben Weihnachtsfrau und ihrer erwartungsvollen Engel. Ganz ohne ironischen Beigeschmack sei anschließend angemerkt: Es folgte eine schöne Bescherung.

Warten – Erwartung

Für Angler bedeutet Warten fast immer auch Erwartung. Darum hat das fade Wort Warten mit dem Beigeschmack der Langeweile in Anglerkreisen einen ganz anderen Sinn. Das Warten des Anglers am Fischwasser hat durchaus etwas Schöpferisches. Aber machen Sie das einmal einem Nichtangler klar.

Da sitzt ein Angler geruhsam auf seinen Karpfen an. Ein Wanderweg führt am Angelplatz vorbei. Der erste Spaziergänger läßt nicht lange auf sich warten. Er gibt sich mit den üblichen Standardfragen, die jeder Angler gelassen über sich ergehen läßt, nicht zufrieden, er möchte Grundsätzliches loswerden. Eigentlich sollte man die armen Fischlein doch lieber in ihrem Element belassen (Schubert: In einem Bächlein helle ...); und nötig hätte es doch heute auch niemand mehr, Fische zu angeln, oder ob der Angler wohl arbeitslos sei? Als Abschluß dann die Litanei von der Langeweile beim Angeln.

Da jede innere und äußere Aufregung den gewünschten Fangerfolg beeinträchtigen kann, schweigt der Angler und ist froh, als der Spaziergänger, der sich nun hoffentlich erleichtert fühlt, weitergeht. Welch eine herrliche Ruhe! Nach einer halben Stunde kommt der Spaziergänger mit neu aufgeladenen Vorurteilen zurück: „Na, warten Sie immer noch auf den armen Fisch?" Auch die vielgerühmte Geduld eines Anglers hat Grenzen: „Nein, jetzt warte ich eigentlich nur darauf, daß Sie weitergehen!"

Am Havetoftsee habe ich vor Jahren einmal rund 60 Stunden auf eine schwergewichtige Hechtdame gewartet; nicht hintereinander, bewahre, aber immerhin in zehn Sitzungen zu sechs Stunden. Der Hecht hatte mir beim ersten Ansitz geschickt meinen Köderfisch vom Haken genommen und war danach einem vorn angeköderten Fisch beim Einholen der Angel bis ins klare Uferwasser gefolgt, wo ich ihn in voller Größe und uriger Schönheit bewundern konnte. Welchen Angler würde eine solche Begegnung wohl nicht auf- und anregen?

Beim zehnten Ansitz, an einem stürmischen Oktobertag, gelang es mir endlich, die Hechtdame zu betören und „heimzuführen". Sie hatte das stattliche Gewicht von 6¹/₂ Kilo. Wie gesagt, 60 Stunden hatte sie mich bei Regen, Wind und Sonnenschein warten lassen. Auch wenn das etwas romantisch klingen mag: Ich habe keine Stunde bereut.

Was heißt das eigentlich, Warten am Fischwasser, was spielt sich da ab? Am Anfang intensive Beschäftigung mit Gerät und Köder, eine äußerst aktive Phase. Während er montiert und zusammenstellt, ist der Angler schon in Gedanken bei den Fischen. Er beobachtet die ausgewählte Angelstelle, die Wasserpflanzen, die Uferregion. Was haben die Blasen zu bedeuten, die da aufperlen? War da nicht ein Schatten im Wasser? Bewegte sich dort ein Schilfhalm? Welchen Haken, welchen Köder nehme ich? Der Angler hat in dieser Phase nicht nur alle Hände voll zu tun, auch Gehirn, Phantasie und Verstand arbeiten auf Hochtouren. Man fragt sich, welche Freizeitbeschäftigung hat auch nur annähernd eine solche bunte Erlebnispalette zu bieten?

Gehen wir einmal davon aus, daß wir einen jener Angeltage erwischt haben, an denen uns die Fische nicht vor lauter Beißlust von allein in den Setzkescher springen. Dann beginnt jetzt das Warten, das Zurücklehnen in den Angelstuhl, süßes Nichtstun, das Beobachten des weiteren Umfelds, dabei immer die Posen, den Bißanzeiger im Auge. Skepsis, ob man nicht doch einen ungünstigen Platz oder einen falschen Köder gewählt hat. Gelegentliches Einholen der Angel; neu beködern; ein verunglückter Wurf, ein leiser Fluch; ein Blick zum Nachbarn, der drüben den ersten Fisch keschert. Leichte Müdigkeit, in die Sonne blinzeln. Die Pose zittert, taucht ab.

Von einem Augenblick zum anderen der Umschwung vom behaglichen Dahindösen zu einem Zustand äußerster Spannung. Selbst jetzt, da ich diese Zeilen in den eigenen vier Wänden niederschreibe, geht der Puls schneller. Und ich werde mit Sicherheit in einer Stunde mit dem Wagen unterwegs sein, um nachzuschauen, ob es nicht doch schon die ersten eisfreien Stellen auf unserem Gewässer gibt...

So ist das nun einmal: Das Warten ist für den Angler fast immer auch Erwarten, Spannung, Entspannung und noch einiges mehr. Darum wundern wir uns immer wieder, wie schnell ein Angeltag am Wasser vergeht. Vertane Zeit? Ich habe lange über einen klugen Satz auf einem assyrischen

Tontäfelchen nachgedacht: „Auf die dem Menschen zugedachte Lebensspanne rechnen die Götter die beim Angeln verbrachte Zeit nicht an." Selbst wenn sie voll angerechnet würde, es sind ausnahmslos schöne Seiten im Tagebuch unseres Lebens.

Tauwürmer
und
wertvolle Münzen

Beginnt das Abenteuer Angeln erst am Fischwasser? Nein, es ist viel umfassender. Zum Vorfeld des Abenteuers mit der Angelrute gehören Planung, Gerätezusammenstellung, Gespräche mit anderen Anglern, Träume von großen Fischen – und die nächtliche Tauwurmsuche. Jeder zünftige Angler weiß das, aber es gibt ja auch noch weniger glückliche Zeitgenossen: Angler suchen des Nachts, vor allem nach dem Regen, auf Rasenflächen und Beeten knackige Tauwürmer. Einzelheiten müßten eigentlich durch den polizeilichen Vorbeugungsdienst und durch die Presse einer breiten Öffentlichkeit bekanntgemacht werden, etwa so: Liebe Mitbürger, ein über dem Rasen schaukelndes Dauerlicht ist weder ein abnormes Glühwürmchen noch ein Irrlicht. Es hat auch rein gar nichts mit Raub und Diebstahl zu tun, ganz am Rande allerdings mit Schatzsuche. Denn derjenige, der in gespenstisch anmutenden Lichtschneisen einen Rasen ableuchtet, ist schon aus seiner Sicht so etwas wie ein Schatzsucher. Die Tauwürmer, die er findet, sind für ihn der Speck in der Mausefalle; denn über den Wurm hat er eine reelle Chance, Aale, Schleien oder Karpfen an die Angel zu bekommen.

Es ist schon eine verzwickte Sache, daß die fettesten Würmer manchmal genau dort liegen, wo der Angler des nachts buchstäblich im Scheinwerferlicht steht, also den ängstlichen oder neugierigen Blicken von Nichtanglern ausgesetzt ist.

An mich pürschten sich einmal zwei Polizisten heran. Sie hätten zwar den Anruf einer aufgeregten Mitbürgerin, vor ihrem Hause treibe ein Verdächtiger sein Unwesen, nicht so sehr ernst genommen, aber nachgehen müsse man der Sache ja wohl, zumal die Frau nach fünf Minuten noch einmal angerufen habe, der Mann da draußen sei vielleicht im Oberstübchen nicht ganz in Ordnung. Es habe den Anschein, als suche er mit der Taschenlampe auf dem Rasen die kleinen Gänseblümchen.

Die Polizisten taten ihre Pflicht. Ich bemühte mich, ernst zu bleiben, leuchtete mit vollem Strahl in den Eimer, wo sich schon viele Tauwürmer kringelten. „Und wo haben Sie Ihre Schaufel?" „Oh, nein, das geht ohne Spaten. Die Würmer kommen von alleine aus der Erde. Sehen Sie, so!" Zum Glück hatten sich die Würmer vom Anmarsch der Polizisten schon wieder beruhigt. Ein besonders schönes Exemplar lugte vorwitzig genau vor der Stiefelspitze des einen Beamten aus dem Erdreich. Nur nicht voll anstrahlen. Ein geübter Griff mit Daumen und Zeigefinger, und ein sehr langer Tauwurm ließ sich wie ein dickes Gummiband aus der Erde ziehen.

Diese Demonstration beeindruckte die Polizisten. Einer klingelte an der Tür der ängstlichen Anruferin. Ich hörte nur bruchstückweise: „Nur ein Angler. Sucht Würmer für die Fische. Völlig harmlos." Dem anderen Polizisten nannte ich meinem Namen. „Und grüßen Sie ihren Chef, Herrn W., der kann Ihnen alles genau erklären. Der angelt doch auch."

Manchmal weisen die Tauwürmer auch den Weg zu folgenschweren Abenteuern und einmal sogar zu einer sogenannten Jahrhundert-Entdekkung.

Was der Angler Wilhelm Sch. vor einigen Jahren in seinem Garten im schummrigen Schein seiner Taschenlampe für einen fetten Wurm hielt, entpuppte sich beim näheren Hinsehen als ein vom Zahn der Zeit angenagtes Stückchen Metall. Welcher Angler kennt das nicht? Man greift bei der Wurmsuche versehentlich ein Stückchen Holz, eine Wurzel oder eine alte Kordel und ist ganz schön sauer über seinen Mißgriff. Doch Wilhelm Sch. hielt mit diesem Mißgriff den „Fang seines Lebens" zwischen Daumen und Zeigefinger.

Irgendwie kam ihm sein Fund nicht geheuer vor. Neugierig geworden, suchte er weiter und fand schließlich 57 Münzen. Die Sensation war perfekt. Das Münzkabinett des Westfälischen Landesmuseums für Kunst- und Kulturgeschichte stellte am anderen Tag fest, daß es sich um tausendjährige Geldstücke handelte. Die im Jahre 950 mit dem Bildnis Kaiser Ottos in Köln geprägten Münzen sind nach Meinung von Experten von „unschätzbarem Wert". Eine Nachsuche förderte weitere Geldstücke zutage.

So geriet ein wurmsuchender Angler aus Bork in die Schlagzeilen auf Seite 1. Bevor nun ein Heer von Tauwurmsuchern ausschwärmt, sei nüchtern angemerkt, daß die Chancen einer Wiederholung gleich Null sind.

Darf auch gelacht werden?

Zugegeben, Angeln ist nicht so heiter wie beispielsweise Kegeln, Skatspielen oder Schönwetterwandern, auch wenn einige Scherzzeichner und Witzeerzähler den Angler quasi als Symbolfigur für etwas tumbe und oberflächliche Scherze in Anspruch nehmen. Die Grundströmung der Fischerei ist ernst. Das Angeln hat zwar fröhliche Aspekte, doch dem Spaß sind Grenzen gesetzt; er hört spätestens beim Töten eines gefangenen Fisches auf. Hier greift der Angler mit eigener Hand und mit seinem Verstand in das Naturgeschehen ein. Die Entscheidung, einen Fisch zu töten, tangiert sein Verantwortungsgefühl und, ob er sich dessen bewußt ist oder nicht, auch seine Moral. Das ist ja der entscheidende Unterschied zu jeder anderen Sportart, und darum wehren sich auch viele Angler gegen die gängige Bezeichnung „Sportangler".

Ja, und wenn wir jetzt mit unserem Angelboot auf diesem Kurs bleiben, ist die Frage „Darf auch gelacht werden?" wohl eher zu verneinen. Die Vorbereitungen zum Angeln, die Tücken und Überraschungen eines Angeltages, die Erinnerungen an Angelabenteuer sind indes oft so heiter und witzig, daß nicht nur die Nichtangler über die Angler, sondern auch die Angler über sich selber lachen.

Freude und Schadenfreude der Angler basieren oft auf Situationskomik, auf unvorhersehbaren Tücken, Finten und Pannen. Wer als Außenstehender einmal erwachsene Männer bei der Vorbereitung eines Angelausflugs beobachtet, kommt aus dem Staunen nicht heraus. Mit welchem Eifer, mit welcher Vorfreude, mit welchem Optimismus sie bei der Sache sind. „Wie die Kinder..." Dieser Ausspruch trifft genau ins Schwarze. Über Rute, Rolle und Angelschnur kurbeln wir uns ein Kapitel jugendhafter Freude in den oft grauen Alltag zurück. Nichtangler können das kaum verstehen; sie wären sonst nicht länger Nichtangler.

Würden wir mit Scheuklappen nur unsere Chancen am Wasser, die perfekte Montage unseres Geräts und den Fisch als erstrebenswerte Beute sehen, wären Angler wahrscheinlich von derselben Humorlosigkeit wie viele mehr oder weniger professionelle Naturschützer, die nur noch mit erhobenem Zeigefinger durch die Natur marschieren (nicht wandern), immer auf Ermahnung, Belehrung und Verwarnung bedacht. Ich meine, der Weg zum Naturschutz muß ja nicht zwangsläufig zur Menschenverachtung führen.

Aber kehren wir vor der eigenen Tür. Wer die verkrampften Diskussionen und Reglementierungen einiger Anglergruppen verfolgt, kann auch leicht zu dem Ergebnis kommen, daß Petrijünger nichts mehr zu lachen haben. Und trotzdem gilt das Wort: Es darf gelacht werden!

Angeln als Therapie? Bitte, mit Einschränkungen. Das Angeln verwandelt ein Nervenbündel nur selten in einen ruhigen, ausgeglichenen Menschen. Das Nervenbündel wird meist auch am Wasser ein unruhiger Geist, wenn nicht gar ein Zappelphilipp sein.

Ich habe aber schon ernsthafte und zielstrebige Menschen kennengelernt, auf die eine Angelrute wie ein Zauberstab wirkt. Sie sind am Fischwasser wirklich wie verzaubert, spielerisch heiter, jenseits aller beruflichen Zwänge und Pflichten. Die Entspannung kommt wie ein Geschenk über sie, und die Freude über einen guten Fang ist für sie einmalig. „So etwas ist nicht mit Geld zu bezahlen", sagte mir einmal ein beruflich sehr erfolgreicher Arzt nach der Landung eines schillernden Zanders. So gesehen, hat natürlich das Angeln auch therapeutische Wirkungen.

Ich gehöre zu den Anglern, die Erkältungen und kleine Wehwehchen oft bei Regen und Wind am Fischwasser am besten loswerden. Man ist an der frischen Luft, bewegt sich und hat gar keine Zeit, sich um seine Kopfschmerzen zu kümmern.

Die es sahen und hörten, wunderten sich bei einer Weltmeisterschaft im Meeresfischen vor Heiligenhafen über einen jugoslawischen Teilnehmer, dem ein quälendes Leiden so zusetzte, daß er sich vor Schmerzen auf die Schiffsplanken legte und kaum ansprechbar war.

Als der Startschuß fiel und das Pilkangeln begann, raffte er sich auf. Der Eifer und die Konzentration ließen ihn die Schmerzen fast vergessen. Und als er dann noch ein paar Dorsche hakte, trauten die Mitangler ihren Augen nicht. Plötzlich stand ein fröhlicher Fischer an der Reling. Es ist typisch, daß die Betäubung leider nur so lange wie die Aktivitäten beim Angeln anhielt. Als das Pilken nicht mehr alle seine Sinne in Anspruch nahm, holten ihn die Schmerzen wieder ein.

Die Angelsehne als Nabelschnur zur Jugendzeit; die Angelrute als

Zauberstab; Fangfreude als Betäubungsmittel; neben all dem üblichen Krimskrams auch eine Portion Humor in der Angeltasche – das sind ebenso erfreuliche wie abenteuerliche Perspektiven. Gehört das eigentlich noch direkt zum Fischefangen? Darüber darf gelacht oder auch nachgedacht werden.

Käuze, Schneider und Neider

Ohne Käuze, ohne die schrulligen Angler, wäre unser Hobby unvollkommen; ich will nicht sagen, nur noch halb so schön, denn manchmal fallen uns die freiwilligen oder unfreiwilligen Witzbolde der Zunft auch ganz schön auf den Wecker. Ausgerechnet, wenn wir einmal konzentriert fischen und total abschalten möchten, taucht so ein Anglerkauz auf und erzählt mit viel Gestik und Temperament, ein echter Alleinunterhalter, seine Geschichten von großen und kleinen Fischen.

Wir kennen von früheren Begegnungen schon jede Masche seines ziemlich grob gesponnenen Fischergarns. Außerdem hatte unser Kauz sie erst vor wenigen Minuten einem anderen Angler am gegenüberliegenden Ufer erzählt, der sich freute, als das wandernde Angler-Tageblatt endlich weiterzog – auf der Suche nach einem neuen Opfer. Auch er muß sich jetzt, durch einen Sicherheitsabstand in der Tonstärke gedämpft, noch einmal die Horrorgeschichte vom großen Hecht anhören. „Mein lieber Mann, so einen Hecht hast du noch nicht gesehen!" Keiner hat ihn jemals gesehen, nur unser Kauz kennt ihn – vom Entenmaul bis zur gewaltigen Schwanzflosse.

Legt man keinen gesteigerten Wert darauf, als „guter Kumpel" angesehen zu werden, kann man natürlich sagen: „Du, entschuldige bitte, ich kenn' deine Geschichte schon in- und auswendig." Aber wer ist schon so herzlos zu Käuzen? Und außerdem würde man ihnen nur gratis den Stoff für eine neue Anekdote liefern. Beim nächsten Angler käme vor der ungekürzten Geschichte vom Riesenhecht erst einmal die Anekdote vom sturen Angler dort drüben, der wohl etwas zu verbergen hat oder „was Besseres sein will".

Ihren großen Auftritt haben die Käuze unserer Zunft überall dort, wo sich Angler zusammenfinden, beim Müllräumen am Wasser oder auf Versammlungen, sei es als Pausenfüller oder unter Punkt Verschiedenes.

Manchmal möchte man sich vor ihnen verstecken, wie ein Haubentaucher einfach verschwinden, aber zuweilen sind sie auch witzig und unterhaltsam. Und alles, was recht ist, ihr Redefluß wird nicht nur vom Meer der Phantasie gespeist, auch reale Fische und Fakten finden sich manchmal im durch Übertreibungen getrübten Wasser dieses Flusses.

Auch die Stillen und Heimlichen unter den Anglern können durchaus kauzig sein. Ein guter Freund von mir, nennen wir ihn Günther, der grundsätzlich allein zum Angeln fährt und am Wasser unbedingt seine Ruhe haben möchte, hat auch so seine Macken. Kleine Zwischenfrage: Welcher Angler hat sie eigentlich nicht?

Da Günther Gespräche mit anderen Anglern, bis auf ein wohlwollendes Petri Heil im Vorübergehen, wenn irgend möglich vermeidet, andererseits aber von Natur aus nicht so stumm wie ein Fisch ist, spricht er viel mit sich selber. Nach einen kritischen Rundblick, während er am Angelplatz sein Gerät auspackt, hört sich das etwa so an: „Wenn ich den erwische, der hier immer seine Madendosen liegenläßt…" Oder: „Nun klemmt doch wieder der verfluchte Reißverschluß, und die Sonnenbrille hast du auch vergessen. Das fängt ja gut an…" Dann eher beschwichtigend, wie zu einem guten Freund: „Immer mit der Ruhe, mein Lieber, Fische beißen auch ohne Sonnenbrille…"

Ein Angler, der laut denkt, mit sich selber in der zweiten Person spricht, seine Handlungen kritisiert, nicht nur in Gedanken, sondern auch verbal, der sich dann aber wieder selber zur Ruhe ermahnt: „Bloß keine Aufregung. Nun woll'n wir erst mal 'n Happen essen." Wird ihm plötzlich bewußt, daß er Selbstgespräche führt und daß andere mithören könnten, gehen seine Worte unvermittelt und unverdächtig in verhaltenen Gesang über, Text und Melodie der augenblicklichen Stimmung angepaßt. Irgendwann wird's ruhig am Angelplatz, dann hat Günther den kritischen Widerpart in sich zum Schweigen gebracht.

Kauzige Angler, da sind die Nimmerfänger und Immerfänger, die Schneider und Neider, wobei bei den Letztgenannten der Spaß bald aufhört. Fängt der Nachbar einen Fisch, so geht der Neider von vornherein davon aus, das könne doch nicht mit rechten Dingen zugegangen sein. Manipuliertes Gerät? Angel mit zwei Haken? Unerlaubte Köder? Hat der überhaupt einen gültigen Angelschein? Wahrscheinlich war der Fisch untermaßig…

Am liebsten würde er sofort mit dem Zollstock herbeieilen und eigenhändig nachmessen. Da er dann aber seine eigene Angel ohne Aufsicht liegenlassen müßte, begnügt er sich damit, jeden Handgriff des Nachbarn mit dem Fernglas zu beobachten. Kauzig ist solch ein Verhalten sicher nicht. Man tut gut daran, sich solche „Sportfreunde" vom Leibe zu halten. Wenn's nicht möglich ist, sollte man sich trösten: Es gibt halt auch untermaßige Angler, und das hat rein gar nichts mit der Körpergröße zu tun.

Liebenswerte
Kochtopfangler

Als wir Jungen früher mit Begeisterung in pommerschen Seen, Bächen und Tümpeln angelten, gab es nur zwei Probleme: Wie lassen sich möglichst viele Fische fangen – und wie wird die Beute gerecht verteilt? Ein drittes Problem, über das heute so viel diskutiert wird, stellte sich überhaupt nicht, nämlich die Frage, ob die Fische mitgenommen werden. Da wir, meist zu viert, nicht nur mit Ruten angelten, sondern in Gräben und Bächen auch mit selbstgemachten Keschern aus Maschendraht fischten, gab es manchmal einen ganzen Wassereimer voller Plötzen, Brassen und Plieten.

Diese Art des Fischfangs war zwar jugendlich fröhlich, doch sie hatte andererseits auch feste Regeln. Jeder wußte, was er zu tun hatte. Einer versperrte mit dem großen Drahtkescher den Fischengpaß, und drei „stökerten" in aufeinander abgestimmtem Rhythmus mit langen Stangen eine Bachstrecke ab und trieben die Fische, die immer wieder Ausbruchversuche zu den Seiten und nach hinten machten, vor sich her in Richtung Kescher.

Nach mehreren Fischzügen mit sehr unterschiedlichen Erfolgen schütteten wir die Beute auf eine Wiese. Der Keschermann, der ja im angetrübten Wasser den Schwarm erkennen und den Drahtkescher am Stiel genau zum richtigen Zeitpunkt herausheben mußte, konnte zuerst wählen; denn die Fische waren unterschiedlich groß, und es verirrte sich manchmal auch ein Schlei, Hecht oder Aal in den Kescher. Also, der Keschermann fing an, dann ging es reihum, bis wir alle Fische verteilt hatten. Unsere Eltern waren nicht wohlhabend, frische Fische immer willkommen.

Heute gibt es zu Recht Schonzeiten, Mindestmaße und Fangbeschränkungen – und hoffentlich auch noch irgendwo barfuß laufende Knirpse, die mit Drahtkeschern Rotaugen fangen. Was mir nie so recht in den Kopf will, ist der oft mit elitärem Getue geführte Streit: Zurücksetzen oder Mitnehmen?

Allein das Wort „Kochtopfangler", so bildhaft es auch formuliert ist, hat ja etwas Abwertendes. Aha, jener Angler dort, der seinen eben gefangenen Karpfen abschlägt, ist von niederem Rang. Er hat die Zeichen der Zeit noch nicht erkannt, denkt nicht an Fischhege und Naturschutz, sondern eben nur an den Kochtopf. Nichts falscher als das. Neben der Freude am Naturgeschehen, neben Erwartung und Spannung, hat der Angler, der seinen Fisch mitnimmt, noch die zusätzliche Freude eines bevorstehenden Gaumenschmauses; er verfügt über ein „Genußmittel", das er nicht, sauber und steril abgepackt und genau ausgewogen, im Geschäft gekauft, sondern mit List, Tücke, Können und Ausdauer gefangen hat, wie seine frühen Vorfahren, die Jäger und Fischer waren.

Aha, ein Angler, der von einem primitiven Beutetrieb besessen ist. Man kann es auch anders sehen: Ein Angler, der es neben allen anderen schönen Begleitumständen des Fischefangens noch nicht verlernt hat, sich über ein Naturgeschenk zu freuen. In dieser Einstellung liegt doch wohl sehr viel Ursprünglichkeit und natürliches Empfinden. Seiner Familie kann der Angler viel erzählen von Vogelsang, dicken Fischen und herrlichem Drill, sie will irgendwann einmal Ergebnisse sehen. „Na, was sagt ihr zu diesem prächtigen Zander!?"

Wir wollen den Spieß nun nicht umdrehen und den grundsätzlichen Zurücksetzern mindere Klasse vorwerfen. Es gibt gute Motive für ihr Tun und Lassen. Der eine möchte den Fisch nicht töten, der andere führt moralische und tierschützerische Gründe ins Feld. Der simpelste Grund, den die meisten sich und anderen nur nicht eingestehen, ist der, daß der Angler oder seine Familie keinen Fisch mögen oder ihm davor graut, einen Fisch für die Küche fertigzumachen und zuzubereiten.

Ich selber habe immer in einem familiären Umfeld gelebt, in dem, fast unabhängig von schlechten oder guten Zeiten, Fische für die Küche hochwillkommen waren. Es war und ist für mich eine Selbstverständlichkeit, daß der Angler wegen eines guten Fisches gelobt wird. Und mir macht das Angeln im Urlaub eigentlich nur dann richtig Freude, wenn ich mindestens für einen Teil meiner Fischbeute einen Verwendungszweck habe.

Es muß ja nicht so weit gehen wie im Urlaub auf einer einsamen Åland-Insel, wo durch widrige Umstände die mitgenommenen Lebensmittel schon nach wenigen Tagen zur Neige gingen und wir für den Rest überwiegend von Fischen leben mußten, gebraten, gekocht, in der Suppe und mit einfachen Mitteln geräuchert. Auf einer Nachbarinsel, die wir mit dem Ruderboot erreichten, wuchsen Blaubeeren und Pilze. Irgendwo im Hüttenschrank entdeckten wir noch einen Beutel Mehl zum Fladenbacken. Die Grenzen von Hobby und Beruf verschoben sich schlagartig, das Erbeuten von Fisch wurde wieder zu einer Notwendigkeit.

Wir haben damals ganz schön geflucht, doch heute lese ich diese Seiten besonders gern in meinem Tagebuch über gewöhnliche und ungewöhnliche Angelabenteuer.

Freude an
den kleinen Dingen...

...es müssen ja nicht gerade Mücken, diese äußerst unangenehmen Plagegeister der Angler, sein. Aber schon bei den kleinen Fischen kann diese Freude beginnen. Da lernte ich im Urlaub an einem abgelegenen Weiher mit gutem Fischbestand einen Angler kennen, der für zwei Tage mit kleinem Gepäck und einer einzigen Rute zu Besuch kam. Ja, er wisse wohl von den großen Schuppenkarpfen, aber eigentlich wollte er „nur ein bißchen stippen", sagte er beiläufig und fing gleich umsichtig mit den Vorbereitungen an.

Während der Weiherpächter unermüdlich auf Hecht und Zander blinkerte und ich morgens und abends mit mehreren Ruten mein Glück auf Karpfen, Schlei und Aal versuchte, saß unser Besucher ebenso stillvergnügt wie konzentriert auf einem wackeligen Angelsteg und stippte. Vielleicht liegt es am Gerät, dachte ich und brachte ihm eine Schleienrute aus meinem Bestand, die er zwar dankend annahm, doch seine Liebe galt der Stippe und den kleinen Fischen. Schon bald lehnte die Schleienrute „arbeitslos" an einem Baum.

Er fing massenhaft fingerlange Rotaugen und Rotfedern. Auf abenteuerlichen Wegen besorgte sich unser Stipper sonntags Haferflocken und Paniermehl zum Anfüttern, versenkte zwei Brötchen in einem Netzbeutel an seiner Angelstelle und kam an einem windstillen Tag auf die Idee, den Schwarm einfach mit einer Scheibe Schwimmbrot „bei der Stange" zu halten.

So stippte er stundenlang und hatte dabei alle Hände voll zu tun. Wann immer wir beim Blinkern zu ihm hinüberschauten, glänzte es, nach behutsamem Anschlag, silbern an seiner Angel.

Es kommt wirklich nicht auf die Größe der Fische an. Jede Angelart hat ihre Reize und kann zum Abenteuer werden. Ich legte an einem Abend drei

svogel im Sturzflug. Foto: R. Groß

Große Rohrdommel. Foto: G. Quedens

ubentaucher.
to: G. Quedens

Kolbenente.
Foto:
G. Quedens

Erfolgreiche
Fischreiher.
Foto: F. Hirs

schöne Schleien auf die feinen goldgrünen Schuppen. Unser Freund, der sich ganz bewußt auf die kleinsten Fische konzentriert hatte, geriet schließlich mit dünner Schnur und feinem Haken an eine besonders gute Schleie, die er, auf dem Steg kniend, sauber ausdrillte und kescherte.

Zwar spricht man im übertragenen Sinne etwas abwertend von „kleinen Fischen", aber vielleicht sollten wir uns manchmal darauf besinnen, daß unser Leben viel mehr von den „kleinen Fischen", sprich: kleinen Freuden, als von kapitalen Fängen und Ereignissen bestimmt wird. Jeder Angler erinnert sich an kleine Beobachtungen am Rande, die für ihn manchmal, wie durch ein Vergrößerungsglas gesehen, voll in den Mittelpunkt rücken. Sie sind nicht selten die Würze unserer Freizeitbeschäftigung in der Natur.

Die Rabenkrähe, die sich neugierig und frech an einer am Koppelpfahl aufgehängten Blinkertasche zu schaffen macht, mit ihrem dicken Schnabel aufgeregt solch ein glitzerndes Metallstückchen freilegt und auch wohl mit dem Favorit-Blinker davongeflogen wäre, hätte der Angler sie nicht in der Gewißheit verscheucht, daß der scharfe Drilling kein Spielzeug für Krähenschnäbel sein dürfte.

Oder die braune Maus mit dem dunklen Streifen auf dem Rücken, die rund um den wie versteinert dasitzenden Angler jeden kleinen Futterkrümel sucht und blitzschnell unter einem Brett verschwindet, wenn der Angler sich bewegt oder nur einmal kräftig durchatmet.

Welch ein abenteuerliches Vergnügen, im Juni all die Wasservögel mit ihren Jungen zu beobachten. Daß aus diesen faustgroßen flauschigen Wollknäueln, die piepsend und aufgeregt im Kielwasser ihrer aufmerksamen Mutter dahinpaddeln, einmal aufdringliche, aggressive Schwäne werden sollen – kaum zu glauben. Die frischgeschlüpften Jungen der zänkischen Bläßhühner mit rotschimmernden Schnäbelchen, fast durchsichtig zart und im Sonnenlicht des frühen Morgens wie von einer Aureole umgeben, wirken auf uns fast unwirklich.

Bizarre Libellen, die mit unnachahmlichen Flugkünsten, rückwärts und vorwärts, unseren in der Luft schwingenden kleinen Barschlöffel verfolgen, fesseln unsere Aufmerksamkeit oder ein Mauswiesel, das sich schlangenartig durch das dürre Gras windet, sich manchmal aufrichtet, um Witterung zu schnuppern und sich einen besseren Überblick zu verschaffen. Muß sich dieser Angler genau dort hinsetzen, wo ich neulich die fette Maus erwischte?

Daß alles nur vordergründig, aus unserer Sicht, Idylle ist, wird uns deutlich, wenn wir beobachten, wie die Rabenkrähe, die unseren Blinker klauen wollte, Entennester revidiert, Eier aufpickt und auch Jungvögel tötet; wenn eines unserer niedlichen Bläßhuhnküken in einem Schwall in

Esox' zähnestarrendem Rachen verschwindet; wenn die räuberisch lebende Libelle mit fast tödlicher Sicherheit einen Falter verfolgt oder das heimliche Mauswiesel sich im Nacken einer Wasserratte festbeißt und sich eine ganze Streckt mitschleifen läßt, bis es die Ratte überwältigt hat, oder wenn der Bussard, dessen Flugspiele wir eben noch bewunderten, plötzlich aus heiterem Himmel auf einen Junghasen niederstößt.

Abenteuerlich ist es, wenn wir die ersten zarten Champignons auf dem Weg zu unserem Angelrevier entdecken, keine große Ernte, nur eine Handvoll oder einen Anglerhut voll unvergleichlich duftender Pilze. Oder Jahr für Jahr die Entdecker- und Gaumenfreuden, wenn rote zarte Himbeeren oder schwarze knackige Brombeeren reifen.

Zu belanglos, darüber zu schreiben? Die großen Wunder sind selten geworden, es lohnt sich nicht, uns auf sie anzusetzen. Wir tun gut daran, an den kleinen Dingen nicht achtlos vorüberzugehen.

Dick
wie ein Autoreifen...

Wir haben schon gehört, daß Warten für den Angler selten langweilig ist, weil fast immer auch Erwartung mit im Spiel ist. Außerdem geht die Phantasie der Angler auf Reisen; sie kann sich wie ein Reiher in die Luft erheben und, was häufiger vorkommt, wie ein Haubentaucher hinabstoßen in das Reich der Fische. Sehr oft befassen sich Angler bei ihrem geduldigen Ansitz mit der Frage, ob es unter den vielen Fischen im See auch einen jener sagenhaften Riesen gibt, die den Fischer in ehrfürchtiges Staunen versetzen.

Ein paar alte Angler wissen es: Irgendwo steht hier ein ganz Großer „mit einem Schädel wie ein Krokodil und einer Schwanzflosse wie meine beiden Hände." (Natürlich mit gespreizten Fingern.) Der eine hat ihn schon leibhaftig gesehen, der andere hatte ihn gar an der Angel, „aber dann ein mächtiger Ruck wie von einem anziehenden Pferd, ein Schlag in der Leine, ein Schwall an der Oberfläche – und der Riese war wieder frei".

Es war einmal ... Doch nicht immer leben diese Superfische nur in der Phantasie der Angler. Irgendwann treibt solch ein Riese tot ans Ufer, oder seine Stunde schlägt ihm eben doch an einer besonders gut montierten Angel, die ein erfahrener Fischer ausgelegt hatte. So entstehen nicht nur Legenden, sondern hin und wieder auch Rekordfische.

Doch auch wenn der Superfisch nie gefangen wird, so ist die Beschäftigung mit ihm für Angler psychologisch doch äußerst wichtig. Es würde kaum Freude machen, an einem Gewässer mit zweipfündigen Hechten und Karpfen zu sitzen, wenn der Angler nicht wüßte oder zumindest Grund zur Hoffnung hätte, daß zwischen all dem Unter- und Mittelmaß einige Fische lauerten, die ihn fordern und seine Phantasie anregen.

Durch viele Erzählungen, Überlieferungen und Beinahe-Fangberichte verfremdet sich das Aussehen dieser Fische oft ins Skurrile und Märchenhafte. Ihre Farbe ist schwarz oder dunkelgrün, der breite Rücken bemoost, die Augen blicken tückisch, die starken Zähne wachsen dem Fisch aus dem Maul heraus. Aus Staunen, Bewunderung, Fürchten oder Verzauberung sind auch die klassischen Fischergeschichten und berühmten Gewässerungeheuer entstanden – vom alten Mann und dem Meer, dem Ungeheuer vom Loch Ness bis hin zu Moby Dick und dem Weißen Hai. Auch der geschichtenerzählende Grass-Butt und der Zauber-Buttje vom Fischer und sien Fru gehören dazu.

Als ich vor vielen Jahren an einem See im Norden des Landes Schleswig-Holstein auf Hecht ansaß, leistete mir Fischerjohann wieder einmal Gesellschaft. Der alte Johann aus dem Dorf am See war etwas wunderlich geworden. In früheren Jahren war er ein tüchtiger Gehilfe des damaligen Berufsfischers. Ich unterhielt mich gern mit ihm, denn Johann kannte den See und vor allem den Gewässergrund besser als ich den Inhalt meiner Angeltasche.

Es dauerte keine fünf Minuten, bis er bei seiner Lieblingsgeschichte vom Aalmonstrum angelangt war. Kein Netz, keine Schnur, keine Reuse waren dem Riesenaal gewachsen, er haute alles kurz und klein, und seinetwegen hatte Aal-Hansen, der Berufsfischer, damals auch „den Kram hingeschmissen". Ein einziges Mal hatte Fischerjohann den Aal „leibhaftig" gesehen, als er sich mit anderen Aalen „da drüben im Mühlenbach" auf die große Laichreise begeben wollte. Aber er hatte natürlich keine Chance, durch das Sperrgitter zu kommen, „dick wie ein Autoreifen und lang wie ein Fischerkahn". Dreipfündige Karpfen holte er sich aus den Reusen, biß sie mitten durch und schluckte nur Hinterteil und Steert. „Manno, war dat'n Aal. Schast di woll wunnern, wenn de bi di anbitt."

Fischerjohann zog weiter, und ich köderte einen gut pfündigen Brassen an die Hechtangel. Der etwas zu groß geratene Köderfisch zog bis zum nahen Seerosenfeld, dann tauchte die Pose ohne Vorwarnung ab, kam aber sofort wieder hoch und schaukelte merkwürdig an der Oberfläche. Schast di wunnern... Irgend etwas Geheimnisvolles mußte geschehen sein. Ich holte die Angel ein. Nur Kopf und Vorderpartie des Köderbrassens kamen zum Vorschein, die andere Hälfte war direkt hinterm Drilling sichelförmig abgetrennt. Ich dachte an Fischerjohann, der sich da hinten irgendwo an einem Koppelzaun laut und lebhaft mit einem Bullen unterhielt. „Ein Aal, so dick wie ein Autoreifen..."

Gestörtes Verhältnis zu „Mutter Natur"

Allein der altmodische Ausdruck „Mutter Natur" geht uns heute im Zeitalter der vielzitierten (und wenig verstandenen) Ökologie nur stockend über die Lippen. Wer sie, die gute alte „Mutter Natur", ernsthaft in eine Diskussion einbrächte, würde mitleidig belächelt: „Aha, einer von denen, die gern am Busen der Natur ruhen."

Dabei ist der aus der Mode gekommene Ausdruck eigentlich recht bildhaft. Wahrscheinlich hängt es mit unserem schlechten Gewissen zusammen, daß wir die „Mutter Natur" verdrängen; denn wir haben sie wahrlich nicht gut behandelt. Das wird uns oft gut genug von berufener und unberufener Seite aufs ökologische Butterbrot geschmiert. Doch Wehklagen und Trauern über den schändlichen Umgang mit der Natur und auch Pauschalschelte „gegen die da oben" helfen uns nicht weiter. Sofern Wehklagen und Proteste uns nicht zu eigenem Tun und Lassen motivieren, wir also nicht vor der eigenen Tür kehren, bleibt Umweltschutz ein mehr oder weniger unverbindliches Wort mit Feigenblattfunktion.

Was hat das alles mit Anglern zu tun? Sie sind doch nachweisbar Naturfreunde. Ja, wenn das so einfach wäre. Fest steht, daß wir mehr als andere Gruppen und Vereinigungen an einer gesunden Umwelt interessiert sind, denn unsere Freizeitbeschäftigung weist uns ja ursächlich einen Platz in der Natur zu. Wir sind also nicht Zaungäste, sondern unmittelbar Beteiligte, wobei die kritische Frage erlaubt sein muß, ob es in der Verantwortung gegenüber der Natur überhaupt noch Zaungäste gibt. Ich möchte das verneinen. Nur, die Angler haben mannigfache Möglichkeiten, Umweltschutz zu praktizieren und Alarm zu schlagen, wenn wider die Natur gesündigt wird. Nicht immer aus übergeordneten Einsichten und Erkenntnissen, sondern auch aus Eigennutz; eine Triebfeder, deren Spannkraft und Wirkung man nicht unterschätzen sollte.

Räumen die Angler Jahr für Jahr tonnenweise Dreck aus ihren Gewässern, so ist das fraglos eine gute Tat für die Allgemeinheit, und es erspart der chronisch schwindsüchtigen Staatskasse viele Millionen Mark. Andererseits aber schaffen sich die Angler dadurch auch die Voraussetzungen für bessere Fänge und ungetrübte Angelfreuden. Besetzen die Angler einen neuentstandenen Kiessee mit Fischen, erfüllen ihn also mit Leben, so ist das eine lobenswerte Umweltmaßnahme. Doch die Angler würden sich ja in die eigene Tasche lügen, wollten sie nicht zugeben, daß sie sich von dieser Maßnahme auch später einen guten Fang mit der Angelrute erhofften.

Eine vieljährige Praxis zeigt, daß dieses „Geschäft" auf Gegenseitigkeit immer mit einem Gewinn für die Natur zu Buche schlägt. Ohne die Bemühungen der Angler wären heute viele Gewässer verwaist und ohne Leben.

Und unsere Umweltsünden? Ich hatte vor einiger Zeit einmal Gelegenheit, drei Angler zu beobachten, die mit einem piekfeinen Wagen zum Nachtangeln ans Wasser kamen, wobei der gepflegte Wagen nicht vordergründig das Kriterium sein soll. Wer hat schon etwas gegen einen sauberen Wagen?

Doch wie der Angelplatz nach dem Aalansitz im Schutze der Dunkelheit aussah, spottete jeder Beschreibung. Meine Frau und ich zählten und sammelten auf: 16 Bier- und Coladosen, 3 Plastiktüten, teilweise mit Essensresten, 10 Papiertaschentücher (besonders appetitlich), 5 Vorfach- und Ködertüten, 2 leere Suppendosen, die Reste eines Holzkohlenfeuers, 1 Grillrost, eine gelbe Plastikwanne und unzählige Kippen.

Das war mit Sicherheit nicht die typische anglerische Visitenkarte, aber, Hand aufs Herz, welcher Angler hat nicht schon ähnliche erschreckende Entdeckungen gemacht? Dabei würde solche Zeitgenossen eine Schramme an ihrem Wagen mehr schmerzen als eine Schramme in der eigenen Haut. Eine bewußt oder fahrlässig herbeigeführte Verletzung und Beleidigung der Natur („Mutter Natur"?) läßt sie völlig kalt.

Und was hat das alles mit dem Abenteuer Angeln zu tun? Sehr viel. Wollen wir Angelabenteuer, fast unabhängig vom Fangerfolg, auch in Zukunft erleben, so ist das nicht nur von „denen da oben" abhängig, wir selbst müssen besonders empfindlich auf eigene Umweltsünden reagieren. Die Entdeckung des Dreckhaufens, den ich eben als schlechtes Beispiel schilderte, ist schon irgendwie „abenteuerlich"; allein, umweltbewußte Fischer stellen sich das Abenteuer der Entdeckung am Fischwasser doch wohl etwas anders vor. Das Geschenk des Naturgenusses aus erster Hand verpflichtet den Angler zum Naturschutz an vorderster Front. Alle Angler wissen das? Um so besser!

Abenteuer
der Entdeckung

Entdeckt der Mensch an sich selber, an seinen Freunden oder Feinden, an seiner Umwelt, an Sachen und Perspektiven nichts Neues mehr, dann droht ihm ein äußerst bedauernswerter Zustand fast tödlicher Teilnahmslosigkeit. Das Abenteuer der Entdeckung ist also lebensnotwendig. Es kommt allerdings entscheidend darauf an, was wir entdecken. Sind diese Entdeckungen aus unserer meist subjektiven Sicht nur oder überwiegend negativ, so können sie uns in Resignation und Verzweiflung führen.

Mit einer solchen Betrachtung begeben wir uns aber schon auf das schwierige Feld der Psychoanalyse, und das ist sicher nicht vordergründig das Thema dieses Buches. Nur soviel: Wir können unsere mehr oder weniger abenteuerlichen Erwartungen gleichsam auf Sparflamme kochen, also nicht täglich auf die große Entdeckung oder „Erleuchtung" warten, sondern unsere Blicke und Sinne für die kleinen Abenteuer am Rande schärfen. Und das wäre auf den Punkt genau das Thema.

Selbst der große Fisch ist ja nur für uns *das* Erlebnis, der nichtangelnde Nachbar lächelt nur müde und mitleidig über unsere Begeisterung.

Ich war im vorangegangenen Kapitel von der negativen Entdeckung eines von Anglern achtlos liegengelassenen kleinen Müllberges am Fischwasser ausgegangen. Einige Wochen später beteiligte ich mich mit einem guten Dutzend Anglern an einem Großreinemachen unseres Vereinsgewässers. Wir sammelten in wenigen Stunden viele Säcke voll Müll und Unrat vom Seeufer ein. Und es war schon eine besondere Freude und Genugtuung, anschließend noch eine Stunde an diesem vom Dreck befreiten Gewässer zu angeln.

Die Gemeinschaftsarbeit, vor der sich viele Angler immer noch drücken, hatte eine neue Bewußtseinslage geschaffen, die man folgendermaßen skizzieren könnte: Eigentlich hast du dir die Angelfreuden erst dann richtig verdient, wenn du dazu beiträgst, daß dein anglerisches Umfeld „sehenswürdig" ist. Und die Bereitschaft, sich auch um den Dreck der anderen zu kümmern – nicht nur im Sinne von Kummer, sondern auch von Mitverantwortung –, kann zu einer weiterreichenden Erkenntnis über den Tag hinaus führen.

Aber es wäre ja traurig, wenn das Abenteuer mit der Angelrute seine wesentlichen Impulse aus dem Müll beziehen würde. Trotz aller gebotenen Skepsis wegen der großen und kleinen Umweltschäden meine ich, die Kritiker, die so tun, als ob alle Gewässer und Fische schon zum Tode verurteilt seien, haben oft den wirklichen Kontakt zur Natur verloren. Ihnen genügt der vielzitierte „grüne Tisch", um über den Weltuntergang zu schreiben; sie haben es verlernt, aus der immer noch grünen Umgebung Kraft und Hoffnung zu schöpfen. Dabei haben wir hundertmal mehr von unserem Aufenthalt draußen, wenn wir auch in kritischen Zeiten für Naturgeschenke aller Art empfänglich sind – von den Pilzen, Beeren, Blumen und Heilkräutern über stille Tierbeobachtungen bis hin zum sinnvollen Genuß „grüner" Mußestunden, die sich ein richtiger Fischermann mit der Angelrute selber verschreibt.

Ich habe noch keinen passionierten Fischer kennengelernt, der wegen einer vorzeitigen Pensionierung oder verkürzten Lebensarbeitszeit Furcht vor der Langeweile empfände. Er weiß mit seiner Zeit etwas anzufangen. Das ist vielleicht ein kleines Kapitel Anglerphilosophie, die auf keiner Hochschule gelehrt wird. Wir wollen auch nicht so weit gehen, unsere Freizeitbeschäftigung als Weltanschauung hochzustilisieren, aber etwas mehr als Madenaufspießen, Würmerbaden, Posenkieken und Fischeschlachten ist das Angeln allemal.

Das gilt über den Tag und über das Jahr hinaus. Fragt man in einer fröhlich-besinnlichen Runde gestandene Angler hypothetisch, in welche Tiergestalt sie nach ihrem Tode schlüpfen möchten, falls es eine Umwandlung dieser Art gäbe, so ist fast nie von den starken Tigern, Büffeln und Elefanten die Rede. Ein Angler möchte auch als nichtmenschliches Wesen seine Tage und Nächte im oder am Wasser verbringen. Es sind aus der Anglermentalität heraus geborene Wünsche und Vorstellungen, sehr oft mit geheimen, allzu menschlichen Hintergedanken. In welcher Tiergestalt möchten also Angler wiedergeboren werden:

als Fischotter, der Tag und Nacht fischt. Und auch die Jäger können ihm wegen der ganzjährigen Schonzeit nichts anhaben;

als Fischadler, um endlich einmal mit Adleraugen die besten Reviere zu finden und die Karpfen zu fangen, die sich an unmöglichen Stellen an der Wasseroberfläche sonnen;

als Eisvogel, um den lieben langen Tag zu fischen und trotzdem immer piekfein in Schale zu sein;

als Aal wegen der großen Weltreise zum Sargassomeer. Um sich keinen „Blumenkohl" einzufangen, würde man die schwerbelasteten Flüsse meiden;

als stolzer Schwan, aber nur mit einem scharfen Sägezahn, um jede Angelschnur durchzubeißen;

als schlauer Karpfen, um von einem Anfütterungsplatz zum anderen zu schwimmen, mit einem sicheren Instinkt für eisenhaltige Brocken an der Angelschnur.

Ein Hechtspezialist will tatsächlich die Rolle des größten Hechtes im Vereinssee übernehmen. Er meinte selbstbewußt: Wenn ich als Angler nicht mehr da bin, kann mir als Superhecht nicht viel passieren.

Urlaubsangler –
ein Kapitel für sich

Kennen Sie das auch, daß Ihr Gastgeber, Freund oder Bekannter, an dessen
Gewässer Sie im Urlaub fischen dürfen, unruhig und nervös wird und im
stillen gar an Ihrem anglerischen Können zweifelt, wenn nicht gleich am
ersten oder zweiten Tag Petrus' Wohlwollen sichtbar den Urlaub mit
schuppigem Silber verschönt? Er schildert mit Fachkenntnis und Begeisterung, wie zahlreich und groß die Fische in seinem Gewässer sind, beschreibt
die guten Angelplätze, füttert selbstlos an und möchte am liebsten auch
noch unsere Angelrute führen, damit wir „endlich" mal etwas an den
Haken bekommen. Ich habe das vor einigen Jahren im anglerfreundlichen
Ostfriesland erlebt. Die ersten zwei Tage ließen sich vom Fangerfolg her
bescheiden an. Unser Gastgeber atmete hörbar auf, als ich ihm am berühmten dritten Tag eine sehr gute Zanderbeute zeigen konnte. Der Bann, den
wir nicht als solchen empfunden hatten, war gebrochen. „Na, ich habe
schon gedacht, Sie müßten ohne Zander nach Hause fahren!" Das war
übrigens der Beginn eines außergewöhnlich erfolgreichen Angelurlaubs am
Kleinen Meer in Ostfriesland.

Ich habe es mir zur Angewohnheit gemacht, wenn Zeit und Umstände es
zulassen, zumindest am ersten Tag in aller Ruhe, aber mit geschärftem
Anglerblick das neue Revier in Augenschein zu nehmen. Das kann auf
einem Rundgang um das Gewässer, beim Abwandern einer Flußstrecke
oder, am besten, auf dem Wasserweg vom Boot aus geschehen. Sein
schweres Angelgepäck läßt man noch im Quartier, die scharfe Brille und
eventuell ein Fernglas genügen. Wer in erster Linie auf Raubfische aus ist,
darf gern schon eine Spinngerte und zwei, drei Blinker zweiter Wahl
mitnehmen, denn die Erkundung von Uferstrecken mit unbekannten Hin-

dernissen geht meist auf Kosten des Blinkerbestandes – und man möchte ja nicht gleich seinen Favorit-Blinker an einem tückischen Unterwasserast verewigen. Bei dieser Erstbegehung sollte man mit der Rute so sparsam wie möglich umgehen; das Angeln mit Augen und Ohren hat den Vorrang.

Die Beschaffenheit eines Gewässers, fangträchtige Stellen, vielversprechende Grabeneinmündungen, überlaufene Uferstrecken, die Grenzen des Reviers – diese wichtigen Merkmale kann der Angler den ganzen Tag über, auch bei sengender Sonne, erkunden. Gegen Abend tut er gut daran, auf den ersten gemütlichen Urlaubsdämmerschoppen zu verzichten, denn zu dieser Zeit gibt der See oft schon einige seiner Geheimnisse preis. Hier ein Ring auf dem Wasser, dort ein Planscher, Bewegung in den Seerosen und am Schilfsaum, auseinanderspritzende Kleinfischschwärme, ein Angler, der einen schönen Karpfen landet – alles vielsagende Beobachtungen. Vieles bleibt zum Glück verborgen, doch die abendliche Visitenkarte eines Gewässers ist für einen Angler schon sehr aufschlußreich. Später können wir der Sache dann mit der Angelrute „auf den Grund gehen".

Der eben geschilderte Ablauf – erst beobachten, dann gut fangen – ist der Idealfall. In manchen Urlaubswochen geht beim besten Willen nichts oder kaum etwas. Da helfen auch die guten Ratschläge und die Kapitalen-Photos nichts, die uns der Gewässerpächter zeigt, um uns zu motivieren. Ist unser Urlaub dann total verdorben? Ich glaube nicht, obgleich ich aus Erfahrung gern zugebe, daß unter diesen Umständen das Salz in unserer Suppe fehlt.

Es soll überhaupt nicht bestritten werden, daß Angeln auch Fischefangen bedeutet, ja, daß der Drill eines Fisches die Krönung des Angeltages ist, aber Angeln ist ein sehr vielseitiges Vergnügen. Es verhilft uns dazu, neue Eindrücke zu gewinnen, Neues in der Natur zu entdecken, die Umgebung zu erforschen, Fische zu suchen und etwas ganz anderes zu finden, eine Landschaft auf uns einwirken zu lassen, Kleinigkeiten am Rande wahrzunehmen, für die wir sonst im Alltag keine Zeit haben; also Angeln nicht unbedingt im Sinne von Erbeuten, sondern von Einsammeln, Kennenlernen, Aus-der-Nähe-Betrachten.

Es gibt fraglos auch Urlaubsgewässer, die uns rundum enttäuschen, weil nicht nur das Fischereiliche, sondern auch das sonstige Drum und Dran hinten und vorn nicht stimmt. Doch so triste kann der Urlaubsort eigentlich gar nicht sein, daß ein geduldiger Angler ihm nicht doch noch eine schöne Erinnerung abgewinnt, die eine Eintragung in unser Tagebuch „Abenteuer Angeln" wert ist.

Und noch eins: Für schlechte Angeltage hat der Fischer fast immer einen passenden Spruch auf Lager. Da ist ein Angler von Kopf bis Fuß auf Fische eingestellt, handhabt Köder und Angel ohne Fehl und Tadel. Fische wedeln in gebührender Entfernung aufreizend mit der Rückenflosse, irgendwo in der Ferne grummelt ein Gewitter. Das Wetter ist nach dem Lehrbuch so aalträchtig, daß Anguilla dem Angler eigentlich aus der Hand fressen müßte, aber es läuft weder der Aal noch sonst irgend etwas. Man kann nicht einmal sagen, „außer Bresen nichts gewesen", denn auch die gefräßigen Brassen kümmern sich nicht um unsere meisterhaft dargebotenen Köder.

Solche Stunden und Tage gibt es gerade in der Ferienzeit mehr, als uns lieb sein kann. Ganz klar, daß der Angler, davon überzeugt, nichts falsch zu machen, nach mehr oder weniger übersinnlichen Erklärungen sucht. Den herbsüßen Duft vom Holunderbusch nimmt er mit gerümpfter Nase wahr. Kann ja nichts gehen. „Holunderblüte – Gott behüte!" Er prüft den Wind, ein leichter Hauch von Nord. Kein Wunder, der Mißerfolg liegt sozusagen in der Luft. „Weht der Wind von Nord, bleib' vom Wasser fort!" Völlig windstill, auch nicht richtig. „Ist der Weiher warm und glatt, sind die Fische satt und matt." Besonders gern wird auch der Mond an den Pranger gestellt. „Mond, groß und rund, bringt den Angler auf den Hund!"

Solche Sprüche sind im Sommer oft am Wasser zu hören, und in allen steckt wohl ein Körnchen Wahrheit. Die Holunderblüte stört die Fische nicht im geringsten, doch in dieser fruchtbaren Zeit explodieren viele Gewässer geradezu von frischgeschlüpften Kleinlebewesen und von zarter Fischbrut. Die großen Fische können es sich in diesem Schlaraffenland erlauben, unsere Köder einfach links liegen zu lassen.

Aber keine Regel ohne Ausnahme und kein Spruch ohne Widerspruch. Als eines Tages fast alle Negativwerte zusammenkamen – Holunderblüte, noch verborgenes rundes Mondgesicht, Windstille, Hitze – und mein Nachbar nach stundenlangem Ansitz mißmutig seine Weißbrotköder ins Wasser schnippte, um wenigstens den Enten eine Freude zu machen, stieg ein dicker Karpfen aus der Tiefe und ließ mit saftigem Schmatzer ein halbes aufgeweichtes Brötchen von der Wasseroberfläche verschwinden. Letzte Anglerweisheit: Ist der Köder eisenfrei, kommen Karpfen schnell herbei.

Ein Gruß
an die Alten

Wie ist das eigentlich mit den „alten Anglern", die sich aus dem Arbeitsalltag zurückziehen, also, wie man so schön feierlich sagt, in den wohlverdienten Ruhestand gehen. Es ist so viel von der vorgezogenen Altersgrenze die Rede, aber nur wenig davon, was ein rüstiger Rentner mit seiner freien Zeit anfangen soll. Gehen Ruhestand und Freizeitplanung nicht Hand in Hand, kommt es leicht zu unerfreulichen und unerwünschten Situationen, nicht nur für den unternehmungslustigen Rentner, sondern auch für seine Umgebung.

Der Umgang mit der Angelrute ist sicherlich eine Freizeitbeschäftigung, die, zumindest in der schönen Jahreszeit, keine Langeweile aufkommen läßt. Außerdem gibt das Angeln vielerlei Anregungen für sinnvolle Aktivitäten draußen in frischer Luft. Das soll nun nicht etwa heißen: Rentner und Rentnerinnen, greift zur Angelrute – und alle eure Altersprobleme sind gelöst. Ich bin davon überzeugt, daß es von Natur aus Nichtangler und Angler, mit einem sehr schmalen Übergangsgrad, gibt. Sowohl der Vollblutangler als auch der gelegentliche Petrijünger freuen sich darauf, daß sie sich in ihrem Ruhestand mehr als bisher den Fischen und dem Fischen widmen können.

Doch erfahrungsgemäß reicht auch bei den „Vorbelasteten" der ausschließliche Umgang mit der Angelrute nicht für eine erfüllte Freizeitbeschäftigung im Alter aus. Es muß noch etwas hinzukommen, und das muß natürlich auch mit Wasser und Schuppen zu tun haben. Sonst herrschten ja in den Wintermonaten Ebbe und Untätigkeit. Bedenkt man, daß allein der Fachbuchverlag Paul Parey über 130 Fischereibuchtitel führt, wird daraus schon deutlich, daß wir es hier mit einem umfangreichen Themenkreis zu tun haben. Das fängt beim Angelhaken an und hört mit Naturschutz und Biologie der Fische noch lange nicht auf.

Als ich vor vielen Jahren als Redakteur das Abenteuer wagte, mich beruflich (und auch weitgehend privat) nur noch mit dem Thema Fisch und Fang zu beschäftigen, glaubten meine Kollegen von der Tagespresse – und ich selber auch ein bißchen –, mir würden mit der Zeit Schuppen und Flossenansätze wachsen. Das ist nicht geschehen, es gab und gibt keine Langeweile beim täglichen Umgang mit Fischen.

Kommen wir aber zu unseren Ruheständlern und Pensionären zurück. Was bietet sich an? Was können sie über den Fischfang mit der Angelrute hinaus noch tun? Sehr viel. Dazu einige Beispiele und Anregungen.

Jeder Angler weiß, wie gefragt bei Vereinen und Gewässerpächtern jene Fachleute sind, die ein Gewässer nicht nach Gefühl und Wellenschlag besetzen würden, sondern Gesamtzusammenhänge und ökologische Gesichtspunkte berücksichtigen. Selbst wenn sie ihr Wissen für sich behalten, ist die Überlegung, welcher Fisch paßt in welches Gewässer und welcher nicht, mehr als ein abendfüllendes Thema. Herkunft, Entwicklung und Biologie der Fische sind Fragen, die einem Angler auch im Winter die Zeit ausfüllen können.

Es gibt viele ältere Angler mit einer gewissen Furcht und Abneigung vor der Sportfischerprüfung. Spätestens nach der Pensionierung steht viel Zeit zur Verfügung, um sich nicht nur mit dem Fragenkatalog der Prüfungsbogen zu beschäftigen, sondern die Wissensgebiete mit eigenen weitergehenden Überlegungen zu durchdringen und zu vertiefen. Die Prüfung wird dann jeden Schrecken verlieren. Man muß nur anfangen, sich mit ihr zu beschäftigen, möglichst ohne Druck, vielmehr freiwillig und mit Spaß an der Sache.

Ich lernte ältere Angler kennen, die das Bedürfnis haben, ihre Fische nicht nur zu fangen, sondern sie auch zu zeichnen oder zu malen. Freilich, selten wird aus dem Kreis der älteren Angler ein Künstler hervorgehen, dann wäre ihr Talent wohl schon vorher entdeckt worden; doch der künstlerische Wert ihrer Arbeiten ist völlig nebensächlich – und übrigens auch nicht so eindeutig zu definieren. Einzig und allein wichtig ist, daß unser Amateurzeichner Freude an seiner Tätigkeit hat. Ähnliches gilt auch für das Präparieren von Fischen.

Fast Vollbeschäftigung bietet das weite Gebiet des Bastelns, der Herstellung von Geräten und Zubehörteilen „Marke Eigenbau“. Ich kenne Angler und Bastler, die mit so unheimlicher Akribie schöne Posen und Blinker herstellen, daß ich mich gar nicht getraue, diese wertvollen Handarbeiten an meine Angel zu montieren, weil ihr Verlust, mit dem ich ja beim Angeln rechnen muß, mir wegen der liebevollen und zeitraubenden Herstellung leid tun würde. Also, für Angler, die ein wenig handwerkliche Begabung mitbekommen haben, dürfte es keine Probleme mit der freien Zeit im Alter oder im „späten Mittelalter" geben. Wer sich der Angelrute verschrieben hat, wird auch in vorgerückter Lebensstunde das Abenteuer Angeln immer wieder neu entdecken und beleben. Ich freue mich über Anglerkollegen, die ihren Ruhestand am Fischwasser genießen dürfen, dankbar für jede schöne Stunde und für jeden Fisch, den Petrus ihnen schenkt. Ihnen gilt mein besonderer Gruß!

Verlorene Fische

Es lohnt sich schon, über verlorene Fische nachzudenken. Nicht so sehr, weil die verlorenen auch immer die größten Fische waren; darüber ist schon viel geschrieben und noch mehr gelästert worden. Hat er ihn am Haken, denkt der Angler nach der ersten „Gesichtskontrolle" oder nach dem Grad der Gegenwehr: „Donnerwetter, das muß ein guter, ein sehr guter Fisch sein!" Kann sich der Fisch dann aber befreien, beginnt nach der ersten Enttäuschung die Phantasie des Anglers zu spielen, und meistens überspielt sie die nüchternen Merkmale der Realität. Spätestens im ersten Gespräch mit dem Angelfreund wird aus dem „guten Fisch" der „ganz dicke Brokken" oder gar „der Fisch meines Lebens".

Sehen wir dieses Problem doch einmal aus einer anderen Perspektive. Gut, wir haben einen Fisch verloren, unserem Abenteuer fehlt der krönende Abschluß. Wir stehen auf der Verliererseite. Aber ist deshalb der Fisch schon der Gewinner? Leider nein. Hat der Fisch seinen Kampf auf Leben und Tod nur über einen Schnurbruch gewonnen, so sollte uns das, spätestens im Wiederholungsfalle, nachdenklich stimmen. Trotz der Tatsache, daß die Schmerzschwellen der Fische und der Säugetiere sehr weit auseinander liegen und unsere Fische in den meisten Fällen das lästige Anhängsel wieder loswerden, ist unbestreitbar, daß der Fisch an diesem „Sieg" leidet und manchmal auch daran zugrunde geht.

Unter diesem Gesichtspunkt verdienen viele Weltrekordangler eher Kritik als Anerkennung, wenn sie nur über extrem niedrige Schnurklassen, also über unangemessen dünne Schnüre, die verantwortungsbewußte Angler ablehnen, zu ihren Rekorden kommen. Denn der Weg zu diesen Rekorden führt oft über viele verletzte und verluderte Fische. Und welcher Angler möchte wohl mit stolzgeschwellter Brust einen Rekord vor sich hertragen, dem das Odium der Tierquälerei anhaftet? Nichts gegen das sogenannte sportliche Fischen mit vertretbar dünnen Schnüren, aber alles gegen Rekorde, bei denen viele Schnurbrüche bewußt einkalkuliert werden, bis es endlich klappt, hurra.

Zum Glück gibt es für unsere Süßwasserfische und auch für das normale Hochseeangeln in unseren Breiten diesen Schnurklassenunfug nicht; denn wenn Rekordsüchtige beginnen würden, mit 0,10-mm-Stippschnur möglichst große Hechte zu fangen, hätten wir bald viele hakengespickte Hechte und könnten das Wort Weidgerechtigkeit aus dem Sprachschatz der Angler streichen. Es ist auch nicht angebracht, diese Dünnband-Unsitte mit der fadenscheinigen Begründung, „dem Fisch eine Chance geben", zu bemänteln.

Aber auch einem Angler, der grundsätzlich mit angemessenen Schnurstärken fischt, kann einmal der Faden reißen. Ich geriet an einem schönen Herbsttag Mitte September beim Barschblinkern mit Mepps-Spinner einmal unvermutet an einen Hecht, den ich mit Hilfe der geschmeidigen Spannkraft der Rute nach wenigen Minuten zum Ufer führen konnte – ein herrlicher Anblick im glasklaren Wasser des Kiessees.

Wahrscheinlich habe ich den Anblick des gutausgedrillten Hechtes zu sehr genossen, anstatt den Fisch zügig und ohne Kunstpause zu stranden. Esox, von meinem Anblick überhaupt nicht begeistert, begann noch einmal zu springen, bekam wieder ausreichend Wasser unter den „Kiel" und schwamm ganz langsam und unaufhaltsam in tiefere Regionen. Bei dem Sprung muß ihm wohl die Schnur zwischen die Zähne gekommen sein, jedenfalls entschwand Esox mit dem kleinen rot-goldenen Spinnerblatt im Maulwinkel meinen Blicken. „Mindestens 8 Pfund schwer", sagte ich enttäuscht zu meiner Frau. Im übrigen machte ich mir Vorwürfe.

Die Stelle meiner Niederlage blinkerte ich in den Tagen danach bei jeder passenden Gelegenheit ab und hatte dabei immer das Gefühl, daß Esox noch vor Ort war. Doch er hielt sich zurück, verschmähte Spinner, Blinker, Wobbler und ließ sich auch nicht von meiner Geheimwaffe, einem springlebendigen Köderfisch, aus der Reserve locken. Bis ich, drei Wochen später, auf dem Wege zu einem anderen Gewässer noch einmal „nur für ein paar Blinkerwürfe" bei meinem verlorenen Hecht Station machte. Der Wind wehte mir genau ins Gesicht, kleine Wellen klatschten gegen das Ufer, am Sandstrand bildete sich flockiger Schaum, das Schilf rauschte: Hechtwetter!

Beim zweiten Wurf, zehn Meter vom Ufer entfernt, Biß auf einen 10-Gramm-Blinker. Nach kurzer Zeit, wie drei Wochen zuvor, Schwall an der Wasseroberfläche. Esox nahm, trotz gelockerter Bremse, kaum Schnur, allein mit der feinnervigen Rute, die den Widerstand des Fisches sauber abfederte, machte ich ihn müde. Wiederum der Anblick des schönen Hechtes im flachen Wasser. Beherzt den Kescher untergeschoben – und raus. Kein Zweifel, mein Hecht. Ich erkannte ihn an einer etwas geröteten Scheuerstelle an der Flanke, die mir schon bei der ersten Begegnung aufgefallen war. Im Maulwinkel keine Spur von meinem alten Mepps, nur mit der Lupe sichtbar ein kleiner Riß in der Hautfalte. Gewicht: etwas über sechs Pfund. Um zwei Pfund hatte ich ihn also überschätzt (siehe Einleitung zu diesem Kapitel). Gut, meine Sorgen, der Hecht könnte mit dem Eisen im Maul irgendwie Schwierigkeiten haben, waren umsonst gewesen, dennoch hatte die Nachsuche einen Wert an sich. Vielleicht wäre es edel gewesen, den Hecht, der meine Phantasie so lange beschäftigt hatte, wieder zurückzusetzen, aber ich habe ja schon an anderer Stelle zugegeben, daß manchmal in mir der Kochtopfangler obsiegt.

Wenn's beißt...

Auch wenn uns der Anblick des auf seine Beute im Sturzflug herunterstoßenden Fischadlers fast den Atem verschlägt; ein rotglühender Sonnenuntergang uns still und feierlich stimmt; Duft und Anblick einer blumenübersäten Wiese uns verzaubern; ein Ruderboot uns am frühen Morgen in eine Welt entführt, die wir schon verloren glaubten; das Glockengeläut der fernen Dorfkirche mit dem Ruf des Kuckucks und dem Lied der Lerche harmonisch zusammenklingt; ein bunter Falter uns Träume unserer Kindheit vorgaukelt – alles muß weichen oder warten, verblaßt, verstummt, wenn's beißt.

Zittert die Pose, tanzt, zuckt, legt sich lang, taucht ab, dann ist alles andere vergessen, ausgelöscht. Wir haben kein Auge mehr für die Schönheit der Natur, kein Ohr für den Vogelgesang; die Bewegung eines angemalten Stückchens Balsaholz bündelt alle unsere Sinne und Empfindungen auf einen einzigen Brennpunkt, auf den großen Unbekannten, der unseren Köder angenommen hat. Wir hoffen und bangen, halten den Atem an, wenn's beißt.

Perlt die Angelschnur erst zögernd in Intervallen, dann rasant von der Spule unserer Grundangel, gilt unsere Phantasie, unsere Aufmerksamkeit nur noch der Angelschnur. Jeder Meter, der in sanften Windungen abspult oder heruntergezerrt wird, steht mit unserem Nervennetz in Verbindung. Was sich sonst auch noch in unserer Umgebung abspielt, wir nehmen es nicht wahr, wenn's beißt.

Wird die Bahn unseres Blinkers jäh unterbrochen, spannt sich die Leine, biegt sich die Rute zum Halbkreis, ist alles andere vergessen. Das Schnarren der Rolle beim Schnurabzug, die seltsamen Sphärenklänge, die der Wind unserer angespannten Schnur entlockt, das ist Musik für Anglerohren. Keine Träumereien, keine Anglerphilosophie, weder Familie noch Beruf, weder Liebe noch Zorn beherrschen uns in diesen Sekunden und Minuten. Wir sind nur noch Angler, wenn's beißt.

Das ist es wohl, was den Angler von anderen Naturfreunden unterscheidet. Er beobachtet die Gefiederten wie ein Vogelfreund, genießt Schönheiten, Stimmungen, Düfte wie andere Naturfreunde, findet wie sie Freude am Wandern und Pilzesuchen, ist bekümmert über Vergewaltigungen der Natur, aber eines teilt er mit keiner anderen Gruppe: die unerhörte, unverwechselbare Spannung der Angelschnur – wenn's beißt.

„Fisch und Fang"-Schule für Spinnangler

Einige Leser werden von einem Autor, der fast ein halbes Jahrhundert angelt und schließlich sein Hobby zum Beruf gemacht hat, nun doch noch etwas ganz Praktisches, einen Griff in die Trickkiste, die Beschreibung einer bestimmten Angelmethode erwarten. Und da ich über 80 Prozent der von mir erbeuteten Fische mit der Spinn- oder Blinkergerte gefangen habe, will ich dieses Buch mit einer „Fisch und Fang"-Schule für Spinnangler beschließen. Vielleicht ist das ein Stilbruch, aber das Spinnangeln paßt andererseits am besten in den Gesamtrahmen dieses Buches, besonders zu dem Kapitel über das Wanderangeln.

Blinkert ein Angler kilometerweit ein See- oder Flußufer ab, so wird er dabei neben Hecht oder Barsch auch das eine oder andere Abenteuer einfangen. Also doch kein Stilbruch, sondern eher eine Ergänzung?

Da wir uns auf das Wesentliche beschränken müssen, gehe ich nur ganz am Rande auf die selbstverständlichen Grundkenntnisse des Spinnangelns ein. Was jetzt folgt, ist also schon mehr das große Einmaleins, und auch an die Lösung einer Gleichung mit zwei Unbekannten möchte ich meine Leser heranführen.

Die Rute

Zum großen Einmaleins gehören zum Beispiel Rute und Rolle. Eine Spinnrute für den Raubfischfang in unseren Breiten sollte grundsätzlich von guter bis sehr guter Qualität sein. Auch ohne Drill wird sie laufend strapaziert. Sie findet praktisch während eines Blinkertrips keine Ruhe, ist ständig in Aktion. Was ihr der Fisch nicht abverlangt, das muß sie beim Lösen schwerer Hänger leisten. Und im entscheidenden Augenblick muß sie dann wieder einen großen Fisch gefühlvoll müde machen, natürlich mit Hilfe des Anglers, der sie führt.

Ich bevorzuge Ruten mit einer Länge von 2,20 bis 2,50 m und einem Wurfgewicht von 7 bis 25 Gramm. Unter zwei Meter und über drei Meter Rutenlänge sollte der Angler, der in unseren Breiten fischt, nur in Ausnahmefällen gehen. Eine kürzere Rute bringt selten die unbedingt notwendige gefühlvolle Aktion; sie setzt auch der Wurftechnik und Wurfweite ziemlich enge Grenzen. Eine längere Rute ist für viele Gewässer mit schwierigen Uferverhältnissen zu unhandlich und sperrig, und sie hat auch in der Zielgenauigkeit deutliche Minuspunkte. Wohl soll unsere Spinngerte leicht, geschmeidig und gefühlvoll in der Aktion sein, andererseits ist eine zu weiche und wabbelige Spitze zu vermeiden. Sie macht nicht nur den Wurf ungenau, sondern verwackelt auch das Blinkerspiel beim Einholen des Köders, auf das es ganz entscheidend ankommt, wie wir noch sehen werden.

Die Rolle

Bei der Rolle soll hier kein Streitgespräch über Vor- und Nachteile von Stationär- und Multirolle neu belebt werden. Ich habe mit beiden Rollen geblinkert und möchte, weil weiter verbreitet und auch von meiner Seite mehr Erfahrungen vorliegen, in dieser „Schule" von der Stationärrolle ausgehen.

Was von der Qualität der Spinnrute gesagt wurde, gilt, noch etwas gesteigert, von der Spinnrolle. Auch sie wird fast ununterbrochen während eines Blinkertrips beansprucht, muß, wie der Angler, immer auf Überraschungen gefaßt sein und mit einem Hecht von $1^1/_2$ kg genauso fertigwerden wie mit einem $7^1/_2$ kg schweren.

Läßt die Bremse sich nicht auf jeden gewünschten Zug präzise einstellen, ist sie für das Spinnangeln ungeeignet. Vom Meeres-Spinnangeln einmal abgesehen, sollte der Angler auf schwere Rollenkaliber verzichten. Kleine bis mittelgroße Qualitätsrollen müssen zu der Spinnrute vom Gewicht her in einem ausgewogenen Verhältnis stehen. 130 Meter einer guten, geschmeidigen Schnur mit 0,30 bis 0,35 mm Durchmesser, randvoll auf der Spule, sind ausreichend, um auch große Fische zu bändigen. Ich gehe nur, wenn ich in einem Gewässer ganz kapitale Hechte erwarte, über 0,30 mm Schnurstärke hinaus. Eine Ersatzspule mit 0,25-mm-Schnur gibt mir beim Barsch- oder Forellenspinnen die nötige Sicherheit und läßt mich auch nicht zittern, wenn statt des Barsches ein vorschneller Hecht den Köder nimmt. Will man eindeutig kapitalen Hechten an die Schuppen, ist ein dünnes, geschmeidiges grünes oder graues Stahlvorfach zu empfehlen.

Zander und Barsch blinkere ich ohne Stahlvorfach. Vergißt ein Spinnangler beim Drillen nicht alle guten Vorsätze, wie Leinegeben, Geduld und feine Bremseinstellung, wird er auch einen Hecht, der schneller war als der Zander, in aller Regel sauber über den Kescher führen.

Wurftechnik

Auch wenn viele Spinnangler mit ihrem Wurfstil zufrieden sind, zähle ich das Auswerfen des künstlichen Köders ganz eindeutig zum großen Einmaleins. Wir unterscheiden beim Spinnangeln den
Überkopfwurf;
Rückhandwurf aus dem Handgelenk;
Rückhandwurf mit Handgelenk und Unterarm;
Rückhandwurf mit dem ganzen Arm;
Rückhand-Schlenzwurf, in Hüft- oder Kniehöhe angesetzt;
Vorhandwurf.

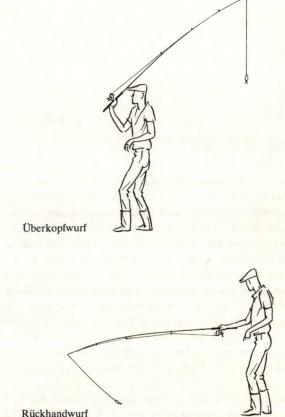

Überkopfwurf

Rückhandwurf

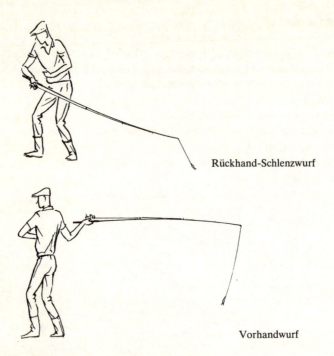

Rückhand-Schlenzwurf

Vorhandwurf

Über Gebühr ist meines Erachtens der Überkopfwurf verbreitet. Der Angler peitscht seinen Blinker mit steil erhobener Rute hörbar heraus und erreicht damit in der Regel auch gute Weiten. Elegant und zielgenau ist dieser kraftvolle Peitschenwurf, bei jeder passenden und leider auch unpassenden Gelegenheit praktiziert, aber nicht. Darum ist dem Spinnangler zu empfehlen, sich etwas mehr mit dem Rückhandwurf zu beschäftigen. Mit ihm bringt er den Blinker, wenn es sein muß, auch weit hinaus, und er erfordert, da links seitwärts angesetzt, nach oben hin über Kopfhöhe des Anglers hinaus keinen freien Raum. Bei einiger Übung ist der Rückhandwurf (Handrücken nach vorn) auch bedeutend zielgenauer. Bei kürzeren Distanzen kommt er bei einer Vierteldrehung der Wurfhand ganz locker aus dem Handgelenk. Selbst wenn der Angler seinen Unterarm und bei Bedarf als Krafthebel auch den Oberarm mit einsetzt, ist der Rückhandwurf weit weniger anstrengend als der Überkopfwurf. Für kleinere und mittlere Entfernungen ist der Überkopfwurf auch wegen seines Scheucheffekts fehl am Platze.

Der Rückhand-Schlenzwurf erfordert dieselbe Technik wie die normale Rückhand; er wird nur tiefer in Hüft- oder gar Kniehöhe angesetzt. Dabei

Raubfische, die wir gern mit der Spinnangel fangen

Hecht

Zander

Barsch

Fortsetzung gegenüber S. 89

Verfasser beim Watspinnen auf Zander, Barsch und Hecht. Fotos: O. Volgmann

Bachforelle

Regenbogenforelle

Meerforelle

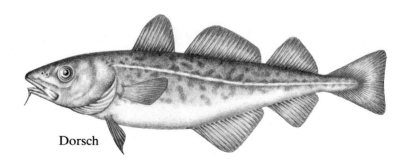

Dorsch

hält der Angler die Wurfkurve so flach wie möglich, um mit dieser Schlenz-
technik auch Würfe unter tief heruntergezogenem Geäst sauber herauszu-
bringen. Der Schlenzwurf erfordert etwas mehr Übung als andere Würfe,
seine Beherrschung ist aber für stark bewachsene Uferpartien sehr wichtig.
   Der Vorhandwurf aus dem Handgelenk wird mit der rechten Wurfhand
rechts waagerecht angesetzt (die Finger der Wurffaust weisen nach vorn).
Es bleibt dem Geschick des Werfers überlassen, ob er Rück- oder Vorhand
bevorzugt. Ein guter Spinnangler sollte keinen der hier beschriebenen
Würfe vernachlässigen. Erst die flüssige Beherrschung aller Wurfarten
macht den Meister. Gutes Spinnangeln erfordert ebensoviel Fingerspitzengefühl und Können wie das Flugfischen.

Die Blinker

Einer hat es angestimmt, und inzwischen ist es zur Mode geworden, das
Loblied auf den Dünnwand-Blinker. Wohlgemerkt, der dünnwandige,
leichte Blinker verdient Anerkennung, doch es wäre völlig verkehrt, nur
noch ihm einen Platz in der Blinkertasche zu gönnen. So simpel ist das
Spinnangeln nun auch wieder nicht. Ich muß zum Beispiel gestehen, daß ich
die Mehrzahl meiner Raubfische mit mittelstarken, schneller sinkenden
Eisen gefangen habe.
   Der sehr dünnwandige Blinker ist in flachen stehenden Gewässern oder
flachen Uferpartien, wo es nicht auf weite Würfe ankommt, Favorit. Für
Gewässer über 3,5 Meter Wassertiefe sollte der Spinnangler erst einmal zu
einem mittelschweren Eisen greifen, etwa zwischen 7 und 15 Gramm
schwer. Wichtig ist ein Typ, der einerseits lebhaft spielt, andererseits aber
nicht wild hin- und hertanzt. Außerdem muß der Blinker so langsam wie
möglich im Grundbereich des Gewässers geführt werden. Solange man
noch nicht weiß, in welcher Tiefe der Raubfisch steht, ist eine Spinntiefe
von 50 bis 100 cm über dem Grund anzustreben. Dieser Bereich birgt
Chancen auf fast alle Raubfische, die mit der Spinnangel gefangen werden.
   Warum empfehle ich nicht vorbehaltlos den dünnwandigen Blinker?
Ganz einfach. Ich habe zu allen Zeiten und an allen Gewässern beobachtet,
daß über 90 Prozent unserer Spinnangler den ausgeworfenen Blinker viel zu
schnell einholen – ich nehme mich selbst nicht von dieser fehlerhaften
Taktik aus. Ein etwas zu schnell eingeholter mittelstarker Blinker hält noch
Tiefe, ein dünner hingegen läuft fast immer zu hoch, um einen schweren
Fisch noch zum Anbiß zu verleiten.
   Hat also ein Spezialist die Geduld und das Fingerspitzengefühl, auch in

einem tiefen Gewässer sein Eisen in Ruhe abtrudeln zu lassen, um es extrem langsam wieder heranzuholen, dann soll er von mir aus diesen Blinker favorisieren. Er ist damit gut bedient. Doch dieser Angler muß sich über einen längeren Zeitraum kritisch selber kontrollieren. Es nutzt nichts, wenn er ein- oder zweimal das unbedingt notwendige Zeitlupentempo beim

Blinker

Einkurbeln einhält, er muß das auch beim 50. Male noch tun. Und die Erfahrung zeigt, daß bei fast jedem Angler, Hand aufs Herz, mit der Zeit und mit der Erfolglosigkeit das Einholtempo des Blinkers forciert wird.

Auch wenn ich mit größeren Hechten rechne, gehe ich mit meinem Blinker selten über 9 cm und 16 Gramm hinaus. Meine Standardtypen sind bei etwa 7 cm Länge kaum 12 Gramm schwer. Schon daraus wird deutlich, daß es sich hierbei nicht um dickwandige Blinker handelt. Die „Dicken" bringen bei einer Länge von 7 cm leicht 20 Gramm und mehr auf die Waage. Auch diese ausgesprochen eigenschweren Blinkertypen haben durchaus ihre Berechtigung, zum Beispiel bei extremen Wassertiefen, beim Schleppangeln, bei starker Strömung und auch bei Sturm.

Mit dem mittelschweren Blinker (zwischen 8 und 12 Gramm) beschreiten wir also den goldenen Mittelweg. Ein weiterer, nicht zu unterschätzender Vorteil ist seine gute Wurfeigenschaft. Gerade bei kräftigem Wind und bewegtem Wasser beißen die meisten Raubfische am besten. Ein extrem dünnwandiger Blinker ist bei Gegenwind auch mit noch so geschickter Wurftechnik nicht weit hinauszubringen und auch nicht zielgenau zu placieren. Er beginnt zu segeln, driftet ab, und der Angler trifft nur noch durch Zufall die Stelle, die er anvisiert hat.

Den dicken Blinker mit 25 oder 30 Gramm können wir zwar weit „hinausdonnern", aber er gerät uns dann dort hinten auch leicht aus der Kontrolle, fängt auf seinem weiten Weg einen kleinen Zweig, ein Blatt oder einen Krauthalm ein, und schon können wir den schönen Weitwurf als Niete abbuchen. Kann ich mit einem Boot relativ dicht an den „Tatort" heranrudern, um mit Fünfzehn-Meter-Würfen eine Schilfkante abzublinkern, greife ich auf einen dünnwandigen Blinker zurück.

Noch ein Wort zu den gar nicht so seltenen Ausnahmen. Auch ich habe schon auf einen 20 Gramm schweren Blinker einen mittleren Barsch und auf ein fünf Gramm schweres Eisen einen kapitalen Hecht gefangen, aber es wäre unredlich, diese Fänge zu verallgemeinern.

Blinkerfarben

Beherrschten in früheren Zeiten eindeutig gold- und silberfarbene Blinker die Spinnangelszene, so hat sich die bunte Welle auch auf dem Kunstködermarkt durchgesetzt. Und das ist fraglos eine positive Entwicklung; denn richtig eingesetzte Farben machen das Spinnangeln erfolgreicher. Das heißt nicht, bunt um jeden Preis. Blinkerhersteller sollten ihre Produkte nicht so sehr mit eigenen Augen, sondern mehr mit Fischaugen sehen. Aber das ist gar nicht so einfach; denn wer weiß schon, wie der Fisch sieht und wie er auf die unterschiedlichen Farben reagiert? Probieren geht hier über studieren.

Ich habe viel mit Blinkerfarben experimentiert und auch manchen klugen Aufsatz darüber gelesen. Das sind meine Erfahrungen: Grün und Blau dürfen, Rot muß sein. Nicht von ungefähr malen die Trapper in Alaska die Blinker ihrer Anglergäste erst einmal schön knallrot an. Was den Lachsen recht ist, sollte unseren Raubfischen billig sein. Wir müssen in unseren Breiten die Blinker ja nicht gerade in rote Farbe tauchen. Es gibt viele Möglichkeiten, einen Blinker rot zu garnieren. Die Geräteindustrie schwimmt schon lange auf der roten Welle. Die meisten Blinker haben einen roten Strich, rote Punkte, rote Flossenspitzen, rote Cellu-Plättchen oder ein rotes Wollbüschelchen am Drilling.

Beim Spinnangeln würde ich nur im äußersten Notfall auf Rot verzichten; einmal habe ich sogar mit dem Lippenstift meiner Frau den Rotschimmer aufgelegt. Entscheidet man sich für ein ganzflächiges Rot, sollte die andere Seite des Blinkers silber- oder goldfarben sein. Beide Farbkombinationen sind ungefähr gleich fängig. Rot/Silber liegt vielleicht dem Hecht etwas mehr, während Rot/Gold Zander und Barsch besonders reizen. Das sind aber kaum wahrnehmbare Unterschiede.

Als sogenannte „Geheimwaffe" empfehle ich aus eigener Erfahrung einen durchgehend roten Blinker von etwa 8 bis 10 Zentimeter Länge. Ich habe ein silbernes Eisen mit gut haftender roter Reflexfolie beklebt und oben nur einen drei Millimeter breiten Silberstreifen freigelassen. Dieser Reserve-Blinker ruht in einer Extra-Schachtel und kommt an manchen Tagen überhaupt nicht zum Einsatz. Aber manchmal, wenn nichts mehr geht, lasse ich den „roten Teufel" frei, und ein paarmal hat er dem Angeltag dann doch noch einen Höhepunkt gegeben.

Wiewelt dabei die Psychologie des Anglers mit hineinspielt, will ich hier nicht näher untersuchen. Fest steht allerdings, daß ein Angler selber an seinen Favoriten glauben muß, wie überhaupt das Spinnangeln zwar nicht Glaubenssache ist, aber anhaltende Konzentration erfordert. Wird der Angler müde und gleichgültig, glaubt er nicht mehr an einen Biß, wird der

Erfolg fast immer ausbleiben. Das ist relativ leicht zu erklären. Ein gleichgültiger Angler vernachlässigt, ohne daß er es merkt, Wurf und Führung des Blinkers. Der Angler ist nicht bei der Sache; das bringt dem Fisch Pluspunkte. Dann lieber hin und wieder eine Blinkerpause einlegen, einen Schluck trinken und die Natur genießen.

Für viele Spinnangler stellt sich die Frage: Gold oder Silber? Beide Farben haben ihre Berechtigung; es ist schwer, eine zu favorisieren. Ich habe ein Jahr lang, auch unter Vernachlässigung optimaler Fangchancen, mit gold- und silberfarbenen Blinkern experimentiert, die alle gleichmäßig mit roten Cellu-Plättchen am Drilling-Springring garniert waren. Weder die silbernen noch die goldenen Blinker waren poliert, sondern in jedem Falle matt und stumpf. Selbst an trüben Tagen und in der Dämmerung fische ich nicht mit Hochglanzblinkern. Jeder Angler tut gut daran, sein poliertes Eisen dezent in der Leuchtkraft zurückzustufen, denn der Raubfisch hat ja nicht den Wunsch, sich in einem Spiegel zu betrachten. Auch der silberschuppige Ukelei reflektiert nicht im Wasser. Ein taumelnder Hochglanzblinker wird nur einen sehr gierigen und unvorsichtigen Hecht zum Anbiß verführen. Zum Glück vergehen Silber- oder Goldglanz durch Lagerung und Wassereinwirkung von ganz allein. Es wäre ein Fehler, die beschlagenen, matten Blinker wieder aufzupolieren.

Gehe ich einmal von 100 Prozent Gesamtfangmenge aus, so habe ich in dem besagten Testjahr 61 Prozent meiner Hechte, Zander und Barsche auf silberne Blinker gefangen, während sich 39 Prozent für Gold entschieden. Ich sage das mit allem Vorbehalt, weil ich weiß, daß das keine verbindlichen Richtzahlen sind. Trotzdem entscheide ich mich im Zweifelsfalle für Silber, oder ich greife auf einen äußerst wirksamen Kompromiß zurück, nämlich auf Silber/Gold oder, noch besser, auf Silber/Kupfer. Diese Kombination hat sich bestens bewährt. Die große Meerforelle steht zum Beispiel klar auf Silber/Kupfer. Von 36 Meerforellen nahmen 34 Exemplare zwischen 4 und 6 Kilo diese Kombination, immer in Verbindung mit der Zusatzfarbe Rot. Selbstverständlich habe ich den Meerforellen auch andere Farben vorgeführt, aber hier liegt ein nur 6 Gramm schwerer silber/kupferfarbener Blinker ganz eindeutig an der Spitze. Alle Fänge stammen aus dem überschaubaren Treenefluß. Und weil der Kleine es verdient hat, möchte ich ihn hier einmal beim Namen nennen: Es ist der gute alte Effzett.

Eine sehr gründliche Aquariumuntersuchung, in „Fisch und Fang" veröffentlicht, hat mit gewissen Vorbehalten die blaue Farbe für den Hecht favorisiert. Ich habe kaum Hechte mit blaugetönten Blinkern gefangen. Das sagt aber nichts gegen die erwähnte Untersuchung, weil ich bisher sehr selten blaufarbene Blinker eingesetzt habe. Um also über Blau als Reizfarbe auf Raubfische zu schreiben, bin ich mangels Erfahrungen nicht kompetent. Mit Grün habe ich hingegen häufiger experimentiert und herausgefunden, daß diese Farbe mit schwarzen Streifen, wieder kombiniert mit dem obligatorischen Rot, besonders an hellen Angeltagen auf Zander recht verführerisch wirkt.

Es war jetzt viel von Farben und Folien die Rede. Falls der Blinker nicht schon von der Fabrikation her die richtigen Farben hat, so daß wir mit dem Pinsel nachhelfen müssen, empfehle ich eine kleine, aber wichtige Nachbehandlung. Man kann über Gerüche wacker streiten, bevor ich aber meinen mehr oder weniger künstlerisch angemalten Blinker den Raubfischen anbiete, mache ich ihn erst einmal geruchsneutral. Entweder reibe ich ihn mit einem abgebrochenen Schilf- oder Kalmusstengel ein, oder ich bringe ihn über Daumen und Zeigefinger mit Algenduft in Berührung. Steht mir ein totes Fischchen zur Verfügung, so gebe ich dem Blinker eine zünftige Fischwitterung mit auf den Weg. Wer es sich einfacher machen will, verreibt einen Tropfen Krabben- oder Heringsöl auf dem Blinker.

Blinkerführung

Ein guter Angler kann auch mit einem abgebrochenen Löffel, den er mit einem Drilling bestückt, Fische fangen, wenn er diesen komischen Blinker nur richtig führt. Und damit sind wir beim wichtigsten Kapitel des Spinnangelns. Wie sieht der Blinkerwurf im allgemeinen aus? Sehen wir uns am Wasser um. Kraftvoller Überkopfwurf, daß es nur so peitscht. Kaum hat das Eisen das Wasser erreicht, wird es im Eiltempo fast mechanisch wieder eingeholt. Von der Geschwindigkeit einmal abgesehen, auch das einförmige, gleichmäßige Einholen des Köders vermindert die Fangchancen ganz erheblich. Der Handgriff einer Angelrolle darf nicht mit der Kurbel eines Leierkastens verwechselt werden.

Die ganze Kunst des Spinnfischens liegt im unregelmäßigen Einholen des Köders. Doch auch diese Intervalltechnik muß sich einem gewissen Rhythmus unterordnen, denn auch ein kleines Fischchen hat System in seinen Bewegungen. Man beobachte einen ziehenden Einzelfisch oder einen Schwarm. In der scheinbaren Ziellosigkeit und Unberechenbarkeit gibt es eine schwer durchschaubare Ordnung. Fast alle Bewegungen der Fische, mögen sie noch so spielerisch wirken, basieren auf zwei Ursachen, auf Nahrungssuche und Flucht, sieht man im Rahmen dieser Betrachtung einmal von den Laichwanderungen ab.

Da ein Fisch also ganz selten sturheil seine Bahn zieht, sollte der Blinker des Anglers auch nach einem gewissen System laufen und spielen. Mindestens nach jeder dritten Kurbelumdrehung sollte der Angler mit der Rute aus dem Handgelenk einen Zupfer setzen, locker und lässig. Nur bei Sturm, Wellenschlag und anderen ungewöhnlichen Umständen, auf die wir noch zurückkommen, kann der Zupfer, der den Blinker hüpfen läßt, auch etwas kräftiger gesetzt werden.

Nach dem berechenbaren Zupfer, der ja das Eisen im Wasser leicht aus seiner Bahn ausbrechen läßt, muß der Angler für Sekundenbruchteile verharren, das heißt, die Kurbel nicht betätigen, damit der Blinker verlockend zurücktaumelt und, wenn kein Biß dazwischenkommt, gefühlvoll weitergezogen wird.

Diese Unterbrechung des sturen Blinkerkurses ist für fast alle Raubfische verlockend. Der Hüpfer und das Abtaumeln ahmen die Bewegungen eines kleinen Fischchens nach, das auf seinem Kurs plötzlich aus der Reihe tanzt, um einen Futterbrocken zu erhaschen. Ob man den Zupfer bei jeder zweiten oder dritten Kurbelumdrehung setzt, ist nicht so wichtig. Man sollte sich nur einen bestimmten Rhythmus aneignen und die Zupfer nicht dem Zufall oder der Laune überlassen. Hat sich der Angler diese Technik erst einmal angewöhnt, geht sie ihm bald so in Fleisch und Blut über, daß es ihm schwerfällt, den Blinker noch gleichmäßig einzuholen.

Blinkerlinien

Wie „laufen" nun unsere Fische, wenn sie in Raublaune sind, und wie sollte der Angler den Blinkerkurs den Bewegungen der Fische anpassen? Dazu einige Beispiele:

Beim Hecht empfiehlt sich langsames Spinnen überm Grund und im Mittelwasser, d. h. etwas schneller als im Zeitlupentempo, aber keinesfalls hektisch. Die beschriebenen Zwischenzupfer müssen nicht allzu schüchtern und behutsam ausfallen. Der Hecht verfolgt den Kunstköder manchmal, solange er ihn reizt, selten aber über eine Strecke von mehr als fünf Metern. Dann hat er entweder zugepackt oder die Sache durchschaut.

Doch wir sollten uns nicht täuschen; den meisten Hechtbissen geht keine Verfolgungsjagd voraus, sie erfolgen spontan. Der Blinker zieht spielend am Versteck des Hechtes vorbei. Ist Esox in Freßlaune, fackelt er nicht lange, sondern faßt zu, versucht ein schützendes Versteck zu erreichen oder bricht im freien Wasser seitwärts aus.

Nur wenn der hungrige Hecht auf Futtersuche ist, verfolgt er den Köder etwas länger. Dann erwischen wir ihn auch irgendwo im freien Wasser.

Doch in der Regel sollten wir ihn immer wieder suchen und in seinem Versteck aufstöbern. Blinkert der Angler gezielt auf Großhecht, so ist ein dünnes, geschmeidiges Stahlvorfach zu empfehlen. Es gibt heute ummantelte Stahlvorfächer, die sich im Aussehen und in der Geschmeidigkeit kaum von einer dickeren Normalschnur unterscheiden.

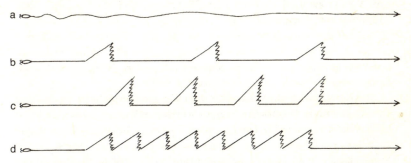

Blinkerlinien: a Blinkerlauf ohne Zupfbewegungen, b Blinkerlauf mit regelmäßigen leichten Zupfern, c Blinkerlauf mit stärkeren Zupfbewegungen, d Blinkerlauf mit ständigen Zupfern (Sägeblattspinnen)

Dem Zander sagt man mit Recht nach, er sei ein vagabundierender Fisch. Doch das gilt einmal nur für bestimmte Zeiten, meist in den Abendstunden, und zum anderen ist der Zander kein Renner, sondern eher ein träger Wanderer. Die Mehrzahl der Spinnangler versucht es erst gar nicht, „auf Zander zu gehen". Der ist doch nur mit dem Köderfisch zu fangen, meinen sie. Das stimmt nicht.

Beim Spinnen auf Zander muß das Eisen extrem langsam geführt werden, die Zupfer werden behutsam und vorsichtig gesetzt. Unserem Blinker, der nicht länger als 8 cm sein sollte, geben wir den Wahlspruch mit auf die Reise: Nur nicht übermäßig auffallen! Der Blinker sollte unbedingt in Grundnähe geführt werden, so dicht überm Boden wie nur möglich. Es gibt seltene, vom Gewässer und der Jahreszeit abhängige Ausnahmen, daß Zander, was hin und wieder bei starkem Insekteneinfall vorkommt, mit den Barschen an der Oberfläche um die Wette rauben. Beobachtet ein Angler raubende Fische an der Oberfläche, so braucht er keine Fanganleitung, sondern wird seinen Blinker von selber durch das Oberwasser führen. In der Regel fühlt sich der Zander aber in den tiefen und tiefsten Wasserschichten wohl. Mehr noch als der Hecht läßt er sich mit roten oder grünen Zusatzfarben verführen, wobei diese Farben kombiniert nicht sonderlich erfolgreich sind.

Der Zander bricht nach dem Biß selten seitlich aus. Er folgt dem Zug des

Anglers etwas und pumpt dann regelmäßig nach unten. Ruhig pumpen lassen, die Bewegungen des Fisches sauber mit der Rute abfangen. Selbst wenn der Angler sicher ist, daß der Haken sitzt, ist es nicht richtig, den Zander mit Gewalt „hochzuwürgen". Stellt sich der Angler feinfühlig auf die Pumpbewegungen ein und pariert sie umsichtig, so ist auch ein Zander-drill von großem Reiz. Mit einem Besenstiel als Rute ist dieser Reiz allerdings nicht nachzuvollziehen.

Auf ein Stahlvorfach verzichte ich beim Zanderspinnen. Einen Hechtbiß nehme ich dabei in Kauf. Auch bei Esox sitzt der Blinker fast immer im vorderen Maulbereich, meist im Maulwinkel, so daß die Schnur selten mit den scharfen Hechtzähnen in Berührung kommt.

Der Barsch ist ein ebenso interessanter wie unberechenbarer Fisch. Zwar ist er ohne Frage ein typischer Grundbewohner und nimmt daher auch öfter, als uns lieb ist, den auf Grund liegenden Tauwurm, der eigentlich dem Aal zugedacht war. Doch man täusche sich nicht, der Barsch ist zeitweise in allen Wasserschichten zu Hause. Sieht man ihn, manchmal in Rudeln, an der Wasseroberfläche rauben, so sollte man die Gunst der Stunde nutzen und ihm drei bis fünf Zentimeter lange Blinker oder Spinner im Oberwasser anbieten.

Doch selbst wenn Barsche oben sichtbar und hörbar rauben, erwischt man andere Exemplare auch im Mittel- und Tiefenwasser. Der Barsch beherrscht also in Raublaune den gesamten Wasserbereich und verfolgt den Köder, oft sogar in Rudeln, von der Tiefe des Sees bis vor die Stiefelspitzen des Anglers.

Doch die größeren Exemplare habe ich fast immer in Grundnähe gefangen. Der Barsch muß also mehr als andere Raubfische gesucht werden. Dabei gibt es aber in den Gewässern ganz typische Barschreviere. Die Zupfer dürfen sich beim Barschspinnen ruhig zu lustigen Sprüngen auswachsen. Wichtiger als der Sprung ist jedoch das nachfolgende Abtaumeln des Blinkers, das der Angler kultivieren und üben sollte. Oft faßt der Barsch genau in dem Augenblick zu, wenn der abgetaumelte Blinker wieder auf Kurs gehen will.

Bach- und Regenbogenforellen sind von Haus aus Strömungsfische mit entsprechendem Körperbau und Temperament, wobei die Regenbognerin weit quirliger und unsteter ist als die Rotgetupfte. In Bach und Fluß kann man die vagabundierende Regenbogenforelle an jeder möglichen (und unmöglichen) Stelle aufspüren, mitten in der Strömung, direkt am Strömungsrand, unter überhängenden Büschen. Sie schätzt, mehr als die Bachforelle, die reinen Strömungsstrecken. Die Regenbogenforelle ist eine unstete Wanderin, abgesehen von den ganz kapitalen Stücken, die sich mehr den Gewohnheiten der Bachforelle anpassen.

Der Regenbogenforelle muß der Angler im direkten Randbereich der Strömung einen sauber spielenden, schmalen, drei bis sechs Zentimeter langen Blinker anbieten. Fischt der Angler auf Sicht oder vermutet er die Forelle an einem bestimmten Platz, so sollte er versuchen, diesen Standplatz so vorsichtig wie möglich einige Meter zu überwerfen, um dann das Eisen ganz langsam einzuholen. Es werden keine Zupfer gesetzt. Ist die Strömung stark genug, um den Blinker auch ohne Gegenzug spielen zu lassen, sollte der Spinnangler hin und wieder kleine Ruhepausen einlegen, den Blinker auf der Stelle spielen und manchmal auch ein paar Zentimeter zurücktaumeln lassen. Im Drill muß die größere Regenbogenforelle ziemlich energisch geführt werden. Sie nutzt jede Gelegenheit, seitlich auszubrechen und ein Versteck aufzusuchen. Gerade bei konsequentem Gegenzug tut die Regenbogenforelle das, was der Angler von ihr erwartet, sie springt und nimmt es dabei sogar mit dem Lachs auf.

Die Bachforellen, vor allem die größeren Exemplare, leben heimlicher, sie verstecken sich gern hinter Steinen, unter Wurzelwerk, alten Stubben und auch unter Treibgut jeglicher Art. Sie halten sich auch gern in den Ruhezonen der tiefen Gumpen auf. Aus diesen Verstecken muß der ruhig und aufreizend vorbeiziehende Blinker sie herauslocken. Während sie nach der Fliege steigt, bricht sie, um ein Fischchen oder unseren Blinker zu schnappen, meist seitwärts aus. Darum muß der Blinker in Grundnähe geführt werden.

Die Meerforelle hält sich in den Flüssen und größeren Bächen überwiegend am Grund der Gumpen auf, sie lebt noch zurückgezogener als die große Bachforelle. Will man sie mit dem kleinen Blinker fangen, gilt es, jeden unnötigen Weitwurf zu vermeiden. Mit leichtem Rückhandwurf die Ausströmung des Gumpens anvisieren und das Eisen ohne Zupfer im Zeitlupentempo einholen. Ein guter Meerforellen-Spinnangler sieht immer so aus, als ob er beim Einholen des Köders gleich einschläft (in Wirklichkeit ist er natürlich hellwach und konzentriert). Ist der Grund sauber und kiesig, kann das Einholtempo so verlangsamt werden, daß der kleine Blinker hin und wieder den Boden berührt.

Der Meerforelle kommen Blinkersprünge verdächtig vor. Statt seitlich zum Angriff auszubrechen und zuzupacken, zieht sie sich dann aufreizend langsam in ihr Versteck zurück, bei unterspülten Ufern ist das oft eine höhlenartige Kaverne. Hat der Angler nach einigen Würfen eine große Meerforelle vergrämt, soll er erst nach zwei Stunden, noch besser unmittelbar nach Sonnenuntergang, wiederkommen. Dann läßt sie sich vielleicht verführen.

Obgleich die Fische nichts miteinander zu tun haben, hat das Spinnangeln auf Zander und Meerforellen vieles gemeinsam. Es ist ziemlich sicher, daß ich meine Zandererfolge überwiegend meiner in vielen Jahren erprobten und bewährten Meerforellentaktik verdanke. Der Drill dieser beiden Fische unterscheidet sich allerdings wie die Fahrten in einem biederen Kettenkarussell und in einer rasanten Achterbahn.

Die Meerforelle ist eine Wanderin zwischen Süßwasser und Meer. Im Meer ändert sie auch ihre Lebensweise. Wollte sie dort ihrer Beute nur auflauern, müßte sie wahrscheinlich verhungern. Sie muß im Küstenbereich also unermüdlich Kleinfischschwärme suchen. Darum muß der weit ausgeworfene, kleine bis mittelgroße Blinker zügig, manchmal sogar mit erhobener Rutenspitze eingeholt werden. Hier findet der eigenschwere, dicke Blinker wieder ein Betätigungsfeld. Bei der Spinnjagd auf Meerforellen im Küstenbereich sollte der Angler alle Wassertiefen absuchen, obgleich ich die wenigen Meerforellen, die ich an der Ostseeküste blinkerte, über dem Grund erwischte. Trotzdem ist beim Meerforellenangeln ohne weiteres auch die Taktik des Treppenspinnens angebracht.

Seeforellen und Huchen habe ich noch nicht mit der Spinnangel gefangen. Da ich nicht von anderen Autoren abschreiben möchte, ziehe ich es vor zu passen.

Einige Male ist hier vom Treppenspinnen die Rede gewesen. Es handelt sich dabei um eine Steigerung des Zupfspinnens, das ich schon ausführlich erläutert habe. Beim Treppenspinnen werden die Sprünge des Blinkers sehr stark forciert, Voraussetzung ist tiefes Wasser. Der Angler bringt das Eisen mit Überkopfwurf weit hinaus. Hat sich die Schnur gestreckt und ist der Blinker abgesunken, hebt der Angler die Rute steil nach oben, senkt sie um etwa 45 Grad nach vorn und hält die Rute ständig in diesem Bereich in Bewegung. Ruckartiges Anheben, langsames Senken ... und so weiter. Nur während des Absenkens der Rutenspitze wird schnell Schnur eingeholt. Dieses Treppenspinnen empfiehlt sich beim Meeresangeln auf Meerforellen und Dorsche, im Süßwasser bei stürmischem Wetter und größeren Wassertiefen manchmal auf Hecht und Barsch.

In unserer „Fisch und Fang"-Schule für Spinnangler habe ich bisher ganz bewußt den Kunstköder herausgestellt, der an der Spinnangel am vielseitigsten eingesetzt wird. Ein Angler, der mit dem Blinker richtig umgehen kann, wird auch mit allen anderen Spinnködern gut zurechtkommen. Trotzdem wäre die Schule wohl lückenhaft, würden wir uns nicht auch noch mit anderen künstlichen Spinnködern beschäftigen; ich denke dabei an Spinner und Wobbler, Wackelschwänze, Twister und Dorschknaller.

Der Spinner

Wie der Blinker so ist auch der Spinner ein klassischer Spinnköder. Es gibt viele Gemeinsamkeiten, aber auch ein paar gravierende Unterschiede zwischen Blinker und Spinner. Ein gutes Spinnerblatt muß sich schon bei langsamem Zug spielerisch um die Achse drehen. Bei strömendem Wasser ist das kein Problem, in stehenden Gewässern jedoch ein entscheidendes Kriterium. Darum sollte der Angler jeden Spinner erst einmal im klaren Wasser in einem überschaubaren Revier ausprobieren. Schnurrt er erst bei energischem Zug los und legt sonst seinen „Flügel" an, kann man ihn vergessen, mag er äußerlich noch so hübsch aussehen.

Wohl darf der Spinner in einem See eine Spur schneller geführt werden als der Blinker, doch gilt auch für seine Laufbahn der Grundsatz: so

Spinner

langsam wie möglich. Der Spinner ist nämlich nur gut und fängig, solange er sauber rotiert. Für die Farben gelten in etwa dieselben Empfehlungen wie beim Blinker. Auf der dunklen Außenseite eines Spinnerblattes haben sich rote oder gelbe Punkte besonders bewährt.

Viele Angler bevorzugen in einem Bach den Spinner. Sie schätzen es, daß er in der Strömung von ganz allein spielt und darum leichter zu führen ist als ein Blinker. Nach meinen Erfahrungen kann ein Spinnerblatt sich auch überdrehen. Wird es gegen starke Strömung eingezogen, so erreicht das Spinnerblatt manchmal Umdrehungsgeschwindigkeiten, die auf den Angler vielleicht perfekt, auf den Fisch jedoch unnatürlich wirken. Selbst ein recht bewegliches Fischchen verursacht nicht im entferntesten solche Turbulenzen. Höchstens ein flügelschwirrendes Insekt in Wassernot kann für kurze Zeit derart vibrieren, nur mit dem Unterschied, daß sich die sirrenden Flügelschläge über Wasser und unvergleichlich feinfühliger als die Umdrehungen des Spinnerblattes abspielen.

Im Gegensatz zum Blinker muß der Spinner in stehenden Gewässern ziemlich gleichmäßig eingeholt werden. Von einem zurücktaumelnden Spinner, der ohne Zug ja einfach seinen Flügel anlegt, geht bei weitem nicht die Reizwirkung wie von einem abtaumelnden Blinker aus.

In Raubfischgewässern über 6 Meter Wassertiefe mit relativ sauberem Grund sollte der Angler unbedingt auch einen guten Bleikopfspinner einsetzen. Er muß mittelschnell eingeholt werden. Es ist nicht zu empfehlen, diesen schnell absinkenden Spinner im Ober- oder Mittelwasser zu führen, er ist ein klassischer Köder für den Grundbereich. Sind bei vielen anderen Spinnködern mehr oder weniger hohe Hüpfer angebracht, so ist der Bleikopf am fängigsten, wenn er ziemlich regelmäßig waagerecht über dem Grund dahinschnurrt. Das Schnurren ist wichtig, das heißt, unser Spinnerblatt muß ganz leicht spielen. Ich bevorzuge Modelle mit roten Perlen auf der Spinnerachse. Setzt man den Bleikopf, trotz Warnung, in hindernisreichen Gewässern ein, sind (teure) Verluste unausbleiblich. Alle Raubfische des Tiefenbereichs verfolgen den Bleikopf ausdauernd. Beim Auswerfen wird dieser Spinner vor dem Auftreffen durch Fingerdruck auf die Schnur leicht abgebremst, damit der Drilling sich nicht in der Hauptschnur verfängt. Trotzdem ist diese unangenehme Begleiterscheinung nicht ganz auszumerzen.

Totes Fischchen am System

Eigentlich gehört das bewegliche Fischen mit dem toten Köderfisch am System nicht zum klassischen Spinnangeln. Da es aber manch einen müden Hecht, der dem Kunstköder mißtraut, zum Angriff reizt, sei es hier doch erwähnt. Die Systeme bestehen aus einem Spieß, oft mit Bleikopf, und aus zwei oder drei Drillingen. Der mit Kerben versehene Spieß wird durch das

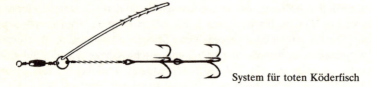

System für toten Köderfisch

Maul des toten Fisches eingeführt, die Drillinge hängen lose herunter oder werden am Fischchen verankert.

Mir macht es wenig Spaß, ununterbrochen mit einem Fischchen am System zu blinkern. Die Gründe dafür: Komme ich ans Wasser, möchte ich nicht mit der Köderfischbeschaffung, sondern gleich mit dem Blinkern beginnen. Auch bei schonender Behandlung sieht der Fisch am System bald ziemlich lädiert aus. Außerdem läßt sich ein Blinker genauer werfen und besser führen.

Das tote Fischchen am System ist nach meinen Erfahrungen aber überall dort angebracht, wo der Angler mit ziemlicher Sicherheit einen großen, vorsichtigen Hecht vermutet. Ihm sollte er den Naturfisch geschickt vorführen. Bedingung Nummer eins dafür ist eine sehr sorgfältige Montage. Der Angler muß sich die Zeit nehmen, den Fisch sauber am System zu befestigen. Dann muß er möglichst ruhig eingeworfen und geführt werden. Ein zu stark wobbelnder oder sich gar um die eigene Achse drehender Köderfisch am System bringt den alten Hechtrecken nicht in Raublaune. Den Lauf unterbrechende Hüpfer sind durchaus angebracht. Der Angler sollte sie jedoch nicht ruckartig, sondern sanft, mit Fingerspitzengefühl ausführen. Die Armierung der Systeme ist meist viel zu üppig, es genügt ein Drilling. An verkrauteten Gewässerstellen begnüge ich mich mit einem Zwilling, den ich voll in die Schwanzwurzel des Köderfischchens drücke. Es bleibt dann kein freier Haken, der sich an Wasserpflanzen festsetzen könnte.

Wobbler

Verlangt der Spinner im stehenden Gewässer von seiner Konstruktion her meist einen etwas schnelleren Zug als der Blinker, so muß der Wobbler grundsätzlich langsamer bewegt werden. Vor einem verlockenden Schilfufer, an überhängenden Uferbüschen, schmalen Krautschneisen, am Rande großer Seerosenbeete in flachen Uferregionen, wo oft Hechte stehen, sollte der Spinnangler unbedingt seinen Wobbler aus der Schachtel holen.

Für flache Reviere, die man am besten mit einem Boot oder beim Watspinnen erreicht, ist der schwimmende Wobbler mit Flachgang ein sehr guter Köder. Er bleibt wie ein sich sonnender Frosch auf der Wasseroberfläche liegen und taucht erst wackelnd und wedelnd unter, wenn er angezogen wird. Die Stellung der Tauchschaufel bestimmt die Tauchtiefe.

Der Angler, der seinen Wobbler im flachen Wasser in gleichbleibendem Tempo ohne Pausen einholt, wird lange wobbeln müssen, bis er einen

Wobbler

Hecht an den Haken bekommt. Das ist ja gerade das Reizvolle an dieser Methode, daß man den Wobbler zupfend in Intervallen führt, daß man Hindernisse überwobbelt, also überspringt, und sich durch Lockerlassen der Schnur jederzeit davon überzeugen kann, wo sich der Kobold befindet; denn er kommt ja brav an die Oberfläche und ist stets zu neuen Tauch- und Suchmanövern bereit.

Der Angler kann (und muß) sich also beim Einholen eines Schwimmwobblers Zeit lassen. Blinkert er zum Beispiel eine 20-Meter-Strecke in 25 Sekunden ab, so kann er dem Wobbler für diese Strecke mit Auftauchpausen ohne weiteres zwei Minuten Zeit geben.

Tauchwobbler, die nach dem Wurf mehr oder weniger schnell absinken, oder Schwimmwobbler mit Tiefenschaufel kommen in tieferen Gewässern und auch als Schleppköder zum Einsatz. Ihre Vibration spürt der Angler bis in die Fingerspitzen, und solange der Wobbler vibriert, läuft er richtig. Zittert und wobbelt er nicht mehr, muß die Einholgeschwindigkeit beschleunigt werden.

Ich weiß nicht, woran es liegt: Es gibt Gewässer, in denen ein gutgeführter Wobbler ein ausgezeichneter Hechtfänger ist, während er in anderen Gewässern mit ebenfalls zufriedenstellendem Hechtbestand nur Zufallsfänge bringt. Früher glaubte ich, das hinge mit dem Froschvorkommen eines Gewässers zusammen; also Froschgewässer = gutes Wobbelgewässer. Doch da die Frösche immer seltener werden, die wobblerfreundlichen Gewässer aber nicht im gleichen Maße abnehmen, kann diese Froschperspektive nicht stimmen.

Nachteile der Wobbler sind einmal ihre oft nicht so guten Wurfeigenschaften – doch wir wissen ja, daß es nicht immer auf weite Würfe ankommt –, zum anderen aber hält die übertriebene Drillingsbestückung viele Angler vom Einsatz des Wobblers ab. Drei hintereinandergeschaltete Drillinge sind wirklich zuviel des Guten. Wer will bei dieser gefährlichen Armierung noch einen untermaßigen Hecht lösen? Außerdem verhakelt sich die Schnur beim Wurf zu leicht in den Drillingen. Und noch eins: Die vielen Haken wirken leicht wie eine Krautharke oder wie Hängerkrallen. Sobald die Industrie auf breiter Front dazu übergeht, auch den Wobbler nur mit einem guten Drilling zu bestücken, wird sie neue Wobblerfreunde gewinnen. Bis dahin muß der Angler zur Selbsthilfe greifen und überflüssige Drillinge entfernen.

Weichplastikköder

In den letzten Jahren haben die Weichplastikköder das Spinnangeln erfreulich bereichert. Es begann mit dem guten alten Wackelschwanz, der als Vibrotail aus den USA zu uns herüberkam, und erlebte weitere Höhepunkte durch Twister und Dorschknaller. Der objektive Berichterstatter wird nicht umhin können, in diesem Zusammenhang die Zeitschrift „Fisch und Fang" beim Namen zu nennen. Sie hat den Einwanderer aus den USA in deutschen Gewässern heimisch gemacht, und zwar so schlagartig, daß viele Gerätegeschäfte in der Bundesrepublik den Wackelschwanz gar nicht schnell genug beschaffen konnten.

Als ich den Wackelschwanz zum erstenmal an kurzer Leine im flachen Wasser schwimmen sah, war mir sofort klar, daß dieser Plastikfisch das Spinnangeln bei uns ungemein bereichern würde. Da spielte doch tatsächlich ein Köder im Wasser, der nicht nur äußerlich, sondern auch im Schwimmverhalten einem richtigen Fischchen zum Verwechseln ähnlich

Wackelschwanz

war. Dazu eine ebenso sparsame wie schonende Armierung, nämlich nur ein kräftiger Einzelhaken an der Rückenflosse. Der jigartig geformte Bleikopf läßt weite Würfe zu, die Hängergefahr ist gering – was will der Spinnangler eigentlich noch mehr?

Soll der ebenso einfach wie raffiniert gebaute Schwanzteil dieses Köders wirklich verführerisch zittern und vibrieren, bedarf es einer mittelschnellen Einholgeschwindigkeit. Ich war von dem Wackelschwanz so fasziniert, daß ich eine ganze Saison mit ihm experimentierte, und die Hechterfolge konnten sich sehen lassen.

Gäbe es eine Möglichkeit, ihn langsam einzuholen, gebührte dem Wackelschwanz wohl die Nummer eins unter den Spinnködern. Dem Zander scheint die Schwimmgeschwindigkeit des Vibrotails zu schnell. Ich habe mit ihm kaum Zander gefangen, muß allerdings anmerken, daß andere Angler mir von „sagenhaften Zanderfängen" mit dem gelben Wackelschwanz berichtet haben.

Den Wackelschwanz führe ich über einige Meter in gleichbleibender Geschwindigkeit, dann setze ich einen starken Zupfer, der den Köder im Wasser emporschnellen und mit dem Bleikopf zuerst wieder in die Tiefe schießen läßt. Diese Phase reizt den Hecht. Er packt den Köder nicht während des Abtauchens, sondern in der beginnenden Aufstiegsphase. Barsche verfolgen den kleinen Wackelschwanz ausdauernd, man kann sie mit diesem Köder beinahe „anfüttern", sie kommen von allen Seiten. Aber die Verfolgung geht relativ selten in einen Angriff über. Und wenn ein Barsch dann doch nicht widerstehen kann, begnügt er sich leider oft mit einem für ihn völlig harmlosen Schwanzbiß, denn der Haken sitzt ja ungefähr in der Mitte des Köders.

Kleine Wackelschwänze eignen sich sehr gut zum Forellenfischen in starker Strömung. Ich konnte in Bayern keinen Nachteil gegenüber der dort üblichen toten Elritze am Bleikopfsystem feststellen. Der Vorteil: Jeder untermaßige Fisch konnte leicht vom Haken gelöst werden.

Twister

Weitere Weichplastikköder sind die Twister mit Bleikopf und Öse. Der vordere Teil ist bis zum Einzelhaken meist raupenartig geformt, dann schließt sich ein langer, gekrümmter Flatterschwanz an. Die Twister, die in allen Farben angeboten werden, führt der Angler an relativ dünner Schnur (0,25 mm) mit feinnervigen Ruten. Sie werden in ununterbrochener Folge

Twister

herangezupft. Ein richtig geführter Twister soll also einen ständigen Zickzackkurs von unten nach oben fahren, der in der Linienführung in etwa so aussieht wie die Vergrößerung der Zähne eines Sägeblattes. Vom Boot aus kann er wie ein Pilker geführt werden.

Ich habe Spezialisten kennengelernt, die kaum noch einen anderen Köder montieren, wenn sie „auf Zander gehen". Und es kommt nicht von ungefähr, daß diese Spezialisten unverkennbar Berliner Dialekt sprechen, denn die Berliner haben schon getwistert, als man anderenorts noch glaubte, twistern müsse etwas mit einem neuen Tanz zu tun haben. So verkehrt ist diese Auslegung ja auch gar nicht: Mister Twister muß ununterbrochen tanzen... Wer wie ich gerne Barsche angelt (und ißt), sollte einem etwa vier Gramm schweren lachsfarbenen Twister mit vorgeschaltetem Spinnerblatt auf die Sprünge helfen. Er wird sich wundern!

Dorschknaller

Der Dorschknaller ist der größte unter den Weichplastikködern. Er wurde mit Bleiköpfen von 40 bis 100 Gramm von einem Hamburger Angler konstruiert, der die Angelszene in Küstennähe beleben und mit der Spinnangel Dorsche fangen wollte. Durch „Fisch und Fang" propagiert und vorgestellt, wurde dieser wurffreudige Weichplastikköder mit twisterähnlichem Schwanz zu einem Renner der Saison.

Die Küstenangler gehen mit Wathosen den Dorschen etwas entgegen und werfen den Knaller an 0,35-mm-Qualitätsschnur aus. Der beidseitig abgeflachte Bleikopf läßt den Köder sehr weit fliegen. Hier sind also eine kräftige Rute und eine größere Rolle angebracht. Unser Dorschknaller wird zügig mit sprunghaften Unterbrechungen eingeholt. Die kleineren Exemplare von 40 Gramm und leichter werden auch von der Meerforelle genommen.

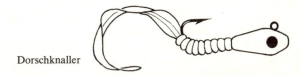

Dorschknaller

Die Namensgebung ist eine kleine Story für sich. „Fisch und Fang" hatte den namenlosen Köder photographiert und beschrieben. Wie so oft beim Zeitungmachen war es wieder eine Veröffentlichung in letzter Minute. Alles stand, doch „das Ding" hatte noch keinen Namen. Die Erfolge auf Dorsch ließen einen Knüller erwarten, aber „Dorschknüller" schien uns zu stark pressegebunden. Mein Vorschlag: „Sagen wir doch erst einmal Dorschknaller!" Nicht ganz zufrieden mit der spontanen Namensgebung, ließen wir den Knüller als Knaller laufen. Und siehe da, der Name wurde von den Anglern und von der Industrie begeistert angenommen.

Posenspinnen

Einige Kritik erntete die Montage einer Spinnrute, die „Fisch und Fang" auf dem Titelbild Heft 2/83 zeigte. Ein Angler an einem verschneiten Flußufer mit einem Wels in der Rechten. So weit, so gut. Im Maulwinkel des Wallers saß eindeutig ein großer Blinker. Auch noch in Ordnung. Dann folgten Vorfach und Blei und darüber, Stein des Anstoßes, ein dicker Schwimmer. Das ging einigen Anglern zu weit; Blinker und Pose an einer Schnur, das darf doch nicht wahr sein. Vorgezogener Aprilscherz; so kann nur ein Spinner spinnen; Redaktion hat wohl geschlafen; und ein ganz forscher Sportfreund, sicherlich von der heißen Phase des damals gerade laufenden Wahlkampfes mitgerissen, vielleicht auch von der Konkurrenz inspiriert, forderte unmißverständlich den Rücktritt des Chefredakteurs.

Ich gebe ja gern zu, daß diese Montage dem Prüfling bei der Sportfischerprüfung einen dicken Minuspunkt einbringt, aber in der Praxis hat das Posenspinnen durchaus seine Berechtigung.

Wenn es gilt, an einem strömenden Gewässer ein weidenbewachsenes Ufer mit der Spinnangel zu befischen, scheitert dieses Vorhaben meist schon beim ersten oder zweiten Versuch. Weil der Angler mit Recht dicht vor dem Weidengestrüpp gute Fische vermutet, wagt er einen gezielten Wurf. Selbst wenn dieser Wurf sitzt, also gut placiert ist, endet der Blinker-

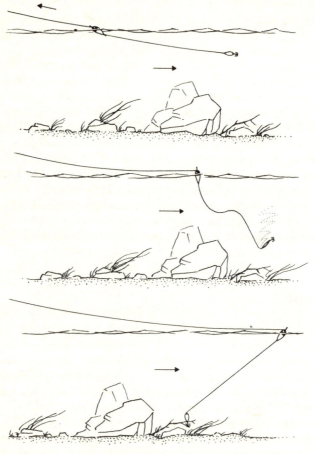

Von oben: Spinnköder an der Pose über einem „Blinkergrab"; fängig abtaumelnder Blinker; Lösen eines Hängers beim Posenspinnen

lauf oft schon nach einigen Metern, weil das Wurzelwerk im Wasser alles festhält, was einen Haken hat. Ein perfektes, langgestrecktes „Blinkergrab" tut sich auf.

Hier hilft der schon beschriebene Schwimmwobbler oder eben das Posenspinnen. Der Angler montiert eine feststehende Pose wie üblich oder, noch besser, eine Laufpose, die oben und unten mit Stopper fixiert wird. Bei leichten Blinkern oder Spinnern kommt über den Wirbel des Vorfachs eine Bleiolive, bei schweren Blinkergewichten erübrigt sich die zusätzliche Beschwerung.

Die Pose muß den Blinker tragen. Sie wird nun mit der Strömung auf die Reise geschickt, immer schön vor den Weidensträuchern. Die Tiefe ist so eingestellt, daß der Blinker über das Wurzelgeflecht hinweggetragen wird. Die Pose ist also eine Art Transportmittel für den Blinker. Ist sie weit genug abgetrieben, stoppt der Angler sie und dirigiert sie möglichst dicht an die Weidenbüsche heran. Jetzt wird das Gespann langsam eingeholt. Ist die Strömung stark, spielt das Eisen von ganz alleine. Sonst zupft der Angler beim Einziehen etwas und achtet darauf, daß die Pose so wenig wie möglich furcht. Keine Bange, sie verscheucht den Hecht nicht; im Gegenteil, es kommt vor, daß der Hecht statt des Eisens den Schwimmer attackiert.

Auf diese Weise kann man Blinker oder Spinner auch durch lange Krautschneisen treiben lassen und vorsichtig wieder einholen. Auch andere Hindernisse im Wasser können mit Hilfe der Pose umgangen oder, besser gesagt, umschwommen werden. Beim Einholen hat der Angler dann die Chance, den Spinnköder in den vielversprechenden Zonen direkt hinter den Hindernissen anzubieten.

Watspinnen

„Ohne Boot haben Sie hier keine Chance", sagte mir mit deutlicher Resignation ein Mitangler, als ich mich mit meiner Spinnrute im Urlaub einem stark bewachsenen Gewässer näherte. Eigentlich hatte der Angler, der gerade seine Rute ins Futteral schob, recht mit seiner Bemerkung: „Der breite Schilfgürtel und das Strauchwerk lassen Blinkerwürfe kaum zu. Schade!"

Er schaute mich verdutzt an, als ich antwortete: „Moment mal, ich habe mein Boot mit zwei Beinen im Wagen liegen." Einer spinnt immer, mag er gedacht haben, und das ist ja auch keine Beleidigung für einen Spinnangler, aber zugeschaut hat er doch, als ich meinen Bootsersatz aus dem Wagen holte. Es war nichts anderes als eine gutisolierte Wathose. Steige ich damit im Dezember ins kalte Wasser, so zittert höchstens ein einsamer Spaziergänger. Mir selber ist ausreichend warm dabei.

So eine Wathose erschließt dem Angler mit der Blinkerrute neue

Reviere. Das ist durchaus wörtlich zu nehmen. Diese sonst wenig beangelten Reviere liegen zum Beispiel vor dem dichten Schilfgürtel, über einer Untiefe, vor weit ins Wasser ragenden Weidenbüschen, an den vielversprechenden Rändern großer Seerosenfelder, im Grenzbereich im Wasser liegender Bäume und an Uferpartien, die uns durch Stacheldrahtzäune versperrt sind.

Nur, die Wathose allein tut's nicht. Der Angler, der drinsteckt, muß schon ein paar grundsätzliche Regeln beachten.

Das Watspinnen ist nur in Revieren angebracht, die mit normalen Gummistiefeln nicht zu erreichen sind. Der Watangler muß lernen, sich vorsichtig und leise zu bewegen, auch wenn die Hose zum Elefantengang verleitet. Der Schilfgürtel ist zu schonen, es gibt fast immer Schneisen zum Ein- und Aussteigen.

Watangeln kann gefährlich sein. Bei weichem Grund ist jeder Schritt zu ertasten, und auch bei festem Boden unter den Füßen sollte man nicht bis zum oberen Rand der Hose ins Wasser gehen. Strauchelt man oder läuft Wasser in die Hose, so können sich Hecht und Zander freuen, weil dann der Angler, so schnell er kann, das Feld räumt.

Ganz wichtig ist es, daß man den Uferanglern nicht ins Gehege kommt, wobei der Sicherheitsabstand großzügig zu bemessen ist. Am besten, man angelt nur dort, wo die Uferverhältnisse ohnehin Belästigungen anderer Angler ausschließen.

Watangeln ist anstrengend. Der Watangler muß beweglich und gesund sein. Geräteschleppen verbietet sich von alleine. Zur Ausrüstung gehören ein Blinkersortiment oder auch Wobbler oder Spinner, ein Rucksack mit Leinenbeutel, Taschenmesser, Lösezange, Zentimetermaß, eine höchstens 2,30 m lange Spinnrute und ein Watkescher mit Gummizug zum Umhängen.

Schon das kleine Gepäck kann manchmal hinderlich sein, wenn die Uferverhältnisse tiefes Waten verlangen. Ehe man sich versieht, hängen Rucksack und Umhängetasche im Wasser. Und da man irgendwo ja auch die Papiere unterbringen muß, kann es zu unangenehmen Überraschungen kommen. Dann ist es schon besser, man läßt die Sachen an einem sicheren Platz am Ufer liegen und hat es nur noch mit Rute und Kescher und hoffentlich auch mit Fischen zu tun.

Mehrjähriges Experimentieren mit dieser Methode veranlaßt mich zu der Behauptung, daß sich die Chancen und auch die Freude beim Fischen mit der Spinnrute durch das Watangeln verdoppeln. Und dazu kommt dann noch das große Vergnügen, dem Fisch in seinem Element gegenüberzustehen, ihn im hüfthohen Wasser zu drillen, zu keschern oder ihn, wenn der Kescher zu klein ist, mit der Hand zu packen.

Statt eines Nachwortes

Es ist gut, wenn der Angler gerade beim Watspinnen nicht nur an Fische denkt, sondern auch daran, daß er vielleicht beim vorsichtigen Vorwärtswaten zwischen Schilfgürtel und Seerosenfeld seine Füße Schritt für Schritt auf jungfräulichen Boden setzt, den noch kein Mensch vor ihm betreten hat. Nur Fische, Muscheln und Krebse waren vor ihm da. Wer bestimmt eigentlich, daß Entdecker- und Abenteuerfreuden erst in fernen Kontinenten beginnen und daß man sie so oder so teuer bezahlen muß? Ich setze dagegen, das Abenteuer beginnt vor unserer Haustür, wenn wir ihm eine Chance geben und sensibel genug sind, es wahrzunehmen.

Bücher für Angler

Von Georg Peinemann sind
bisher erschienen:

Georg Peinemann
**Freude und Erfolg beim
Spinnangeln**
mit Blinker, Spinner, Wobbler,
Zocker, Spinnfliege, Wackelschwanz,
Twister, Dorschknaller, Pilker und
System. 1986. 108 Seiten mit 71 Ein-
zeldarstellungen in 38 Zeichnungen
und 15 Farbabbildungen auf 8 Tafeln.
Gebunden 32,– DM

Georg Peinemann
Wir angeln Hechte
in Seen, Flüssen und Bächen. 1989.
96 Seiten mit 34 Zeichnungen und
21 Abbildungen, davon 9 farbig.
Gebunden 26,– DM

Colin Willock (Hrsg.)
**Das große ABC
des Fischens**
Ein Lehrbuch für das Angeln auf Süß-
wasser- und Meeresfische. Aus dem
Englischen übertragen, bearbeitet
und erweitert von H. G. Jentsch.
5. Auflage (43.–57. Tausend), bearbeitet und ergänzt von G. Peinemann.
1982. 298 Seiten mit 225 Abbildungen, davon 40 farbig, im Text und auf
8 Farbtafeln. Gebunden 36,– DM

Rudolf Porstein
Fangerfolge optimal
Fehlbisse und Fischverluste vermeiden. 1986. 123 Seiten mit 30 Fotos,
davon 6 farbig, und 97 Zeichnungen
mit 163 Einzeldarstellungen.
Kartoniert 36,– DM

Jens Beucker
**Dämmerungs-
und Nachtangeln**
Ein Wegweiser zu unerwartet guten
Fängen. Unter Mitwirkung von
U. Böttcher, W. Maass, U. Marn,
F. de la Porte, E. Wiederholz und
J. Wittschier. 1987. 148 Seiten mit
109 Einzeldarstellungen in 55 Zeich-
nungen und 32 Fotos, davon 18 far-
big. Kartoniert 36,– DM

Rudolf Sack
Biß auf Biß
Erfolge mit meinen Angelmethoden.
7. Auflage (52.–62. Tausend). 1987.
115 Seiten mit 54 Einzeldarstellungen
in 41 Abbildungen und 7 Farbabbildungen auf 4 Tafeln. Gebunden
22,– DM

Ekkehard Wiederholz
Der große Köderbuch
Natürliche Köder und Kunstköder.
Beschreibung, Eignung und Anwen-
dung der fängigsten Köder in der
Welt. 5., völlig neubearbeitete und
erweiterte Auflage. 1989. 210 Seiten
mit 149 Abbildungen, davon 40 farbig, und 1 Übersicht. Gebunden
39,80 DM

Edmund Rehbronn / Franz Rutkowski
Das Räuchern von Fischen
Ein Leitfaden für Hobbyköche, Sport-
und Berufsfischer, Fischzüchter, für
Gastwirte und Gastgeber. 5. Auflage
(78.–117. Tausend), neubearbeitet
von F. Jahn. 1985. 125 Seiten mit
48 Zeichnungen und 20 farbigen
Abbildungen auf 12 Tafeln. Kartoniert
19,80 DM

Alfred Hutterer-Niedereder
**Das große Präparierbuch
der Fische**
3., revidierte Auflage. 1985. 126 Seiten mit 194 Abbildungen, davon
12 farbig, und 7 Tabellen. Gebunden
34,– DM

Preisstand: Januar 1990
Spätere Änderungen vorbehalten

**Verlag Paul Parey
Hamburg und Berlin**

Wir stärken den Anglern den Rücken.